秦坡西 等 著

农牧商道

中国农业科学技术出版社

图书在版编目（CIP）数据

农牧商道 / 秦坡西等著. -- 北京：中国农业科学技术出版社，2021.8
ISBN 978-7-5116-5422-9

Ⅰ. ①农… Ⅱ. ①秦… Ⅲ. ①农业企业—营销管理—研究—中国 Ⅳ. ①F324

中国版本图书馆 CIP 数据核字（2021）第 142854 号

责任编辑	穆玉红　褚　怡
责任校对	贾海霞
责任印制	姜义伟　王思文

出版发行	中国农业科学技术出版社
	北京市中关村南大街 12 号　邮编：100081
电　　话	（010）82106632（编辑室）（010）82109704（发行部）
	（010）82109709（读者服务部）
传　　真	（010）82106632
网　　址	http://www.castp.cn
经 销 者	各地新华书店
印 刷 者	北京科信印刷有限公司
开　　本	185mm×260mm　　1/16
印　　张	11.5
字　　数	255 千字
版　　次	2021 年 8 月第 1 版　2021 年 8 月第 1 次印刷
定　　价	68.00 元

版权所有·侵权必究

著委会

主 著 秦坡西

参 著 汪德刚　王一凡　赵俊强

　　　　刘聚强　张卫刚

前言

《农牧商道》从基因学、经济学、心理学、商业原理等角度出发，探讨和研究人类购买行为的"原力"是什么？通过寻找人类的购买"原力"，来分析人们购买产品的底层逻辑。通过底层逻辑的分析，可以掌控人们的购买行为，知道了人们为什么购买，人们的购买动机是什么？人们在为什么买单？

找到人们的购买"原力"，就找到了人们购买产品的原始密码。有了这个原始密码，我们就可以设计企业的产品，来满足人们的需求。企业就可以在商业的大海里自由自在的翱翔！

有人的地方，就会有需求存在。只要有两个以上的人在，他们的需求就会不一样，需求不一样就会有合作和交易；商业的本质是交换，交换的本质是等价。商业中的营销策略和方案，就是为了克服信息不对称，让交易双方在心理上趋于"等价"，甚至是"物超所值"，从而达到交易的目的。

在商业中，除了要克服信息不对称之外，还要考虑人们的"喜欢""偏好"带来的感性因素。这些受基因"支配"的感性因素，更多的时候会左右人们的购买行为。

本书分为五大板块：商业篇、引流篇、成交篇、回购篇和现金篇。

商业篇主要分析了东西不够怎么办？

人类关于资源分配的问题，商业的本质是交换，交换的本质是等价，"等价"的基础来自信任。人与人之间存在着信息不对称，是信任的最大障碍，要成交就要建立信任关系，就要克服信息的不对称。

引流篇主要分析了和客户的"触点"问题。只有制造更多和客户接触的机会，才能找到更多的客户，才能为销售做好铺垫工作。广而告之的引流方法，对于当下中国市场已经不太适合，更多的应该根据客户需求和兴趣来引流。

本书根据兽药行业的销售特点，主要介绍了两种引流方法：一个是微信（线上引流）运营，一个是会议营销（线下引流）。微信营销可以解决客源问题，会议营销可以解决信任问题，线上线下结合，可以达到有效的引流工作。

　　成交篇主要分析了成交的原理，第一种，利用讲故事的营销方法，可以解决人们对确定性的需求。第二种，利用权威的影响力达成成交的目的。第三种，利用品牌来克服信息不对称，达到放心购买产品的一种营销手段。品牌用重复博弈的机制，建立客户的信任，满足人们对产品确定性的需求。第四种，通过场景设计产品定价，以求达到商品利益最大化。第五种，利用客户的好奇心，设计产品的摆放，引起客户询问，再通过店面营销、互惠原理，打动客户情绪，从而达到成交的一种方法。

　　回购篇主要分析了打动客户情绪，让客户产生重复购买的行为。一共有两种方式，第一种利用同盟关系，通过机制把陌生的客户和我们组成一个组织。第二种方法是利用互惠的原理，通过感动客户，让客户始终处于一种非常想回报我们的状态。客户回报我们的方式有两种：买我产品和传我美名。

　　现金篇则是根据多年的经验、有针对性地提出了在不同场景下的营销回款技巧和方式，从而最大程度实现"现金及时回流"的销售目的。

　　本书分析了人类的行为及决策是怎么产生的，人们的购买行为是什么原理驱动的，人们的某些"偏好"是怎么回事，人们又是在为什么买单等问题。通过另一种视角来观察客户的购买行为，以期对企业的营销有所帮助。

作者
2020 年 4 月

目　录

商　业　篇

一、商业的本质 ········ 2
- 商业是什么 ········ 2
- 信息不对称 ········ 6
- 建立信任关系 ········ 9
- 货币的作用 ········ 13
- 边际成本 ········ 14
- 引流逻辑 ········ 17

二、人类感性偏差 ········ 20
- 大脑是如何产生购买决定的？ ········ 20
- 心理账户 ········ 23
- 沉没成本 ········ 26
- 比例偏见 ········ 29
- 损失规避 ········ 31
- 价格锚点 ········ 32

三、人性之贪婪心态 ········ 36
- 确定、反射效应 ········ 36
- 迷恋小概率事件 ········ 37
- 现状偏见 ········ 40
- 合算偏见 ········ 42
- 庞氏骗局 ········ 44

引 流 篇

四、微信营销 …… 50
- 微信营销之引流 …… 50
- 微信运营之互动 …… 53
- 微信运营之成交 …… 56
- 个人微信号的打造 …… 60
- 个人朋友圈的打造 …… 62
- 公众号的运营 …… 63
- 微课堂的打造 …… 66

五、会议营销 …… 69
- 会议营销的功能 …… 69
- 兽药门店的圆桌会议 …… 72
- 兽药行业中小型会议的会前工作 …… 75
- 兽药行业中小型会议会务组架构 …… 77
- 中小型会议会前一天工作 …… 79
- 中小型会议会当天工作安排 …… 80
- 兽药行业中小型会议会后的工作 …… 82
- 兽药行业游学会的运营方案 …… 86

成 交 篇

六、故事化思维 …… 90
- 故事化思维设计公式 …… 90
- 故事营销案例 …… 94

七、人性之归属感（权威原理） …… 99
- 权威对个人决策有什么影响 …… 99
- 权利如何分配 …… 100

  与权威人士接触技巧（案例） ········· 102

八、人性之懒惰心态（品牌营销） ········· 105
  建立品牌的意义 ········· 105
  品类打造 ········· 108
  品位建设 ········· 109
  品质建设 ········· 111
  品牌如何维护 ········· 114

九、定价策略（价值评测） ········· 115
  产品该如何定价 ········· 115
  面对面销售定价法则 ········· 117
  超市定价法则 ········· 119
  互联网定价法则 ········· 122

十、人性之好奇心 ········· 124
  静销力 ········· 124
  门店营销 ········· 127
  7·3法则 ········· 131

回 购 篇

十一、同盟原理 ········· 136
  身份信号对个人行为的影响 ········· 136
  会员制可以达到的目的 ········· 139
  会员制存在的意义 ········· 142
  会员制的应用 ········· 146

十二、互惠原理 ········· 151
  基因只关心自己 ········· 151
  客户的真正需求是什么？ ········· 152

现　金　篇

十三、实现现款交易 ·· 158

　　赊销是"温水煮青蛙" ·· 158

　　欠款会把忠实客户"逼"给竞争对手 ·· 159

　　兽药门店运营的"隐形杀手" ·· 160

　　养殖户资金短缺的原因 ·· 162

　　实现现款交易的商业"套路" ·· 164

　　"诊销分离"实现现款交易 ·· 166

　　会议收回欠款 ·· 167

　　刺猬原理 ·· 169

　　通过换购实现现金交易 ·· 171

商业篇

在我们人类社会，有人的地方，就会有需求存在。

只要有两个以上的人在，他们的需求就会不一样，需求不一样就会有合作和交易；商业的本质是交换，交换的本质是等价。商业中的营销策略和方案，就是为了克服信息不对称，让交易双方在心理上趋于"等价"，甚至是"物超所值"，从而达到交易的目的。

商业自信息不对称而产生，信息更对称又代表着商业的未来！

一、商业的本质

☞ **商业是什么**

现代社会资源分配最普便的方式是"价高者得之"。就是对于某一项私用品，愿意出价最高的人拥有该项私用品的支配权。个人获得财富的方式就是用自己为社会创造的价值去交换。我们用360行，代表了商业中的各行各业。每个行业都在为社会做着贡献，那么个人所做出的价值，要有一个交易的场所，方便把自己的劳动价值换成价值凭证（钱币）。那么这个专门用来交易的场所，慢慢地就形成了我们今天所说的商业。

那么到底什么是商业呢？

王大爷家是种小麦的，一共10亩地，一年能产16000斤（斤为旧制，1斤=0.5千克，全书余同）小麦，完全可以满足一家人吃饭的问题。自己种小麦，自己吃。这是商业吗？

显然不是，这是自给自足。

王大爷家就6口人，每年吃掉小麦6000斤，还可剩余的10000斤，王大爷在村里粮食紧张时，分给村里的邻居、老人吃。

这是不是商业？

这仍然不是商业。那到底什么是"商业"呢？

商业的本质是交换！

只有王大爷拿着小麦，对隔壁老李说："老李，我们家小麦吃不完，和你换点布料吧，"老李说"好啊"的那一刻，双方才真正进入了商业的世界。

为什么？因为从这一刻开始，双方开始"交换"了，才进入了商业的范畴。

一旦进入交换，就会有一个问题：双方的商品怎么定价，怎么交换？

老李说："好啊。那你用多少小麦换我一匹布呢？"

王大爷说："用1斤小麦换1匹布。"

老李说："没诚意，不换。"

老李觉得王大爷把自己的产品定"便宜"了，而把自己的小麦价格定高了。

王大爷一年种16000斤小麦。老李一年可以织80匹布。如果1斤小麦能换1匹布，那么80斤小麦就能换走老李一年工作全部的80匹布，老李感觉自己的布定价便宜了，当然不会答应。

如果老李答应了，那整个村子里的人，就都去种小麦了，因为种小麦明显划算。就算不太会种，年产只有80斤，那也能换回80匹布，相当于织布工作的200年。最后，村子里到处都是拿着小麦找布的人，从而导致布成为稀缺品。

那么到底如何"定价"，双方都能够接受呢？。

王大爷问："那多少你愿意换呢？"

老李想了想说："200斤小麦换1匹布。"

为什么要这么定价呢？因为王大爷家是六口人，每年可以产16000斤小麦；老李家也是六口人，每年可以织80匹布。200斤小麦换1匹布，相当于老李一家一年的收入，正好和王大爷一家的收入持平。

所以这样定价，双方都觉得挺合理，交易就可以进行下去。

这就是定价。

现在，王大爷手里有了用2000斤小麦换来的10匹布，和剩余的14000斤小麦。14000斤小麦，还是吃不完，怎么办？王大爷旁顾四周，看上了老孙家的猪，以及老赵家的羊。一个一个上门去换？太麻烦了。

王大爷决定在村口贴一张告示：

"我家有上好小麦，欢迎用猪肉、羊肉、花生油来换。"

这就是营销。

很快，王大爷的手里就有了10匹布、两只羊腿、10斤花生油和剩余的8000斤小麦。

附近村子的村民听到后，也想找王大爷换小麦。牛村的有耕地的牛；铁村的有菜刀和铁锹。他们还想换花布，换羊腿，换菜籽油。

乱哄哄好多人，换起来好麻烦。怎么办？

王大爷又想了一个好办法。要不，我们就约好，每个月逢5和逢10的日子上午十点，在三个村子的交界点支个摊子。我把小麦扛过去，你把牛羊牵过来，他把菜籽油和花布背过来，一起换。

三村交界点，就是交易场所。

太阳下山前，每个人都心满意足地带着自己需要的东西回家了。

商业是什么？

商业，是一门关于交换的学问。

但是，作为商业的起点，物物交换这件事（比如用小麦换布）的效率很低。因为物物交换，需要三个"双重巧合"。

第一是"需求的双重巧合"：王大爷需要做衣服的布，而老李正好也需要解决吃饭的小麦。

第二是"时间的双重巧合"：王大爷特别需要衣服，老李也正好特别需要解决吃饭的问题。

第三是"数量的双重巧合"：王大爷愿意用来换布的小麦，正好等于老李所织的布。

同时满足这三个"双重巧合"，太难了。而且，交换的范围越大，交换的品种越多，就越难。

物物交换，必须依存于三个"双重巧合"，效率太低。于是人类开始寻找能够不需要"巧合"的交易方式。

世界各地的人们，没有经过商量，但不约而同地发明了同一种方式，来绕开三个"双重巧合"，那就是——

把一次"物物交换"拆分为"买"和"卖"两次交易。

"把一次交换，拆分为两次交易"，听上去很有意思。可是，怎么拆呢？

人们造出了两件威力巨大的"法宝"，来完成这次拆分，那就是：货币和商人。

货币，是交易的媒介。

因为货币的存在，生产者不需要关心谁是消费者，他们只需要把商品换成货币。拿到货币之后，他们立刻变为消费者。消费者也不用关心谁是生产者，他们只需要拿货币去换商品。

从商品到货币的交易，叫作"卖"；从货币到商品的交易，叫作"买"。

货币的作用，是"把交换切分为买卖"。

那么商人，也是交易的媒介。

商人既不生产，也不消费。他们看上去似乎不创造任何价值，只是从生产者手上把东西买来，然后卖给消费者，"吸血"似的赚取着差价。

但是，如果没有商人这个媒介，你拿着小麦，不知道去找谁换成货币。没有"交易的对象"。货币不会和你交易。拿着货币的商人，才会和你交易。

商人，就像血液里的红细胞，把货币和商品，运送到商业世界毛细血管的最深处。没有商人，产品就无法通过交易进入流通，生产者的生产力和消费者的需求都会被遏制，整个社会也不可能富有。

商人，连接了"买"和"卖"这两种交易。所以，商人又被称为"买卖人"。

货币切分了买卖，商人连接了交易。

商业是劳动价值交换的场所。专业从事这种工作的人称为商人，协助交易进行的人员称为销售人员。

在封建社会，社会的职业排序是"仕农工商"。入仕做官排在第一位，也是最受欢迎的职业；其次是农民，以种地为生，中国是农业大国，耕种是整个国家的根基；再次是手工艺人，有一技之长，凭手艺吃饭；最末位是商人，商人身份卑微，在很多朝代都得不到社会和世人的认可。

得不到认可的最大原因是：其他各个行业都是为社会创造价值的，而商人是拿别人的劳动价值进行交易，从中获取利益。在世人看，这属于偷奸耍滑、投机取巧、不劳而获，再加上商人是低进高出，奸滑不诚信，不是正当社会价值的创造者。

直到近代社会，商业的价值才慢慢被世人认可。到了今天，商业更是扶摇直上，成为一个热门的行业。

商业最大的武器是"信息不对称"，商业的本质却是"等价交换"，那么商家需要产生更多的交易，就要想尽一切办法来克服信息不对称，做出一系列可以让买家感觉到产品的价格和价值是相等（信息对称了）的，甚至是物超所值的。商业的未来也就是克服一切的信息不对称，和客户建立信任关系，产生交易行为。

那么什么是信息不对称呢？就是总有一些我知道，而你不知道的事情。

小明到乡下的朋友小华家玩，吃到她家自己种的米饭，惊了，说："你们家的米，这么好吃啊？哪里买的？"

小华说："不是买的，自己家种的。你要是喜欢，就带点回去呗，不用什么钱。"

小明说："那不行，我还想吃完再来呢。你按市场价钱给我就行。"

小华说："那就6块钱一斤吧。"

小明说："好，给我300斤。"

小明回到上海。有一次，小龙到他家吃饭，说："你们家的米，怎么这么好吃啊？哪里买的？"

小明第一反应就是："我知道这个大米是从哪里、从谁手上、花多少钱买来的，但是你不知道。那我想说多少钱都可以呀，你如果想买，我在中间就可以赚一些差价了。"

小明对小龙说："想吃这个大米，找我就行，20元一斤。"

小龙定了200斤大米，小明告诉他等几天到货，然后从乡下把大米发到家，再通知小龙来拿。这时候小明就开始做起了"买卖"。

小明从小华手上，用6元的价格"买"到大米，然后用20元的价格"卖"给小龙。小明作为"中间商"，每斤赚了14元的差价。

这14元的差价，小明几乎没有为此付出太多劳动；这14元，仅仅是"信息不对称"，也就是"我知道一些你不知道的事情"，给小明带来的收益。

在信息不对称的时候，掌握有效信息更多的一方，常常具有相对优势，并可以利用这个优势获利。一旦获利成为既得利益者，在没有外力的影响下，几乎都不会放弃这份利益。

信息不对称，是中性的，不是一个贬义词。

有了本地超市，一定程度上连接了小龙和米农，降低了"信息不对称度"，一斤大米15元就可以拿到了。

有了电商的存在，小龙可以10元1斤就可以买到了。

利用"构建"信息不对称赚钱，是一种重要的、短期获利办法；利用"打破"信息不对称赚钱，才是一种更重要的、长期获利办法。

商业文明每向信息相对更对称的方向推进1个百分点，就会有一群"机灵"的商人倒下，一批"伟大"的商人崛起。

为什么说是相对更对称呢？如果大家都做到信息对称了，那么信息对称的优势就会不存在，只有少数人做到信息对称，那么才可以发挥获得客户信任的优势。

客户成交的基础就是信任，信息对称就是为了建立信任，因为所有的商家都把信息不对称作为和客户进行博弈的武器，所以才有信息更对称的生存空间。

商业的本质是交换，交换的本质是等价。

商业存在的价值就是货通世界！商家就是要把所有的产品，铺向全世界，让全世界任何角落的人，都可以交易到自己需要的物品。

商业的互通有无，是一种福利，可以让消费者在最便利的地方，买到你需要的物品，并且可以让消费者的购买成本降到最低。

什么叫购买成本呢？

你上了一天班，下班时可以到菜市场，买到所需要的食材。可以想象一下，如果没有商业，那么你下班后，需要开车跑30公里的农村，买蔬菜；再跑50公里到养殖场，买一些肉。那么这些成本就是你的购买成本，而菜市场的存在节约的是路程和时间，只需要给商家付一些"服务费"（产品的差价）即可。

所以说，没有发达的商业，就会产生沉重的购买成本。而那些可以在家门口买到商品的人，商业对他们来说，就是一种福利。

☞ 信息不对称

在人类社会，只要有两个以上的人在，他们的需求就会不一样，就会有合作和交易，有合作和交易就有信息不对称。

什么叫信息不对称呢？就是指双方在合作或交易的时候，总有一些信息是对方不知道的，掌握信息比较充分的一方，会处于有利地位，甚至会出现欺负另外一方的现象，所以称为信息不对称。

例如：甲乙双方约好一起种地，甲方负责先播种，乙方负责庄稼成熟后收割。双方经过协商，一旦等庄稼收获的时候，收成一人一半。甲方并不知道"一旦收割庄稼时，乙方会不会重新谈条件"这个信息，所以甲方非常的被动。

等到收割的时候，所有的收成都在乙方手上，乙方再跟甲方重新谈条件"我收割费的力气比较大，应该占70%，你播种费的力气小，占30%吧"。如果甲方不服气需要和乙方进行打官司，在现实生活中，打官司需要的成本是极高的，时间和费用成本都是双方经受不起的。即使打赢了，也是双输的局面，所以甲方只好认了。

再例如：上游跟下游的人商量说，我们一起修一个大坝，下游的人答应了，把大坝修好了，然后上游的人就会跟下游的人说，我们重新谈谈大坝的使用条件，如果你不答应，我就把河水引到别的地方去了……

有人说："既然合作这么不靠谱，那就不合作吧，自己单干。"但在人类社会，合作是人类的基本需求，有很多事情靠一个人是完不成的，必须依靠和别人合作才可以完成。例如咱们刚才说的修大坝，一个人是很难完成，都是靠人们相互合作才完成的。

我们看一下薛兆丰老师经常喜欢举的一个例子。

铅笔的故事：

一根木杆里面有个笔芯，上面有个铁圈，捆着一块橡皮。这么一支简单的铅笔，它的故事可多、可神奇了。

首先，它的原料就非常复杂。这个木杆不是普通的木杆，是专门用一种叫作雪松木的木材做的。铅笔上面的油漆不是一层，而是6层，这漆是蓖麻油做的，深究起来，甚至还不仅仅是蓖麻油，还有很多复杂的元素。

笔芯里的石墨，还要加上黏土和石蜡。还有顶端那块橡皮，它是红色的，红色的颜料……总之，它的原料非常复杂，产地来自世界各个角落。

其次就是它的制造工艺也非常复杂。细细地深究下去，一支铅笔的生产规模，你说有多大？有多少人曾经参与生产一支铅笔？50人，100人，1000人？都不对，是成千上万的人。

你想想看，要生产木杆就要锯树，要锯树就要有钢铁，要有钢铁就得炼钢，要炼钢就得挖矿，要挖矿工人就得吃饭。工人不仅要吃饭，还得喝咖啡，要喝咖啡，咖啡得航运，要航运就得有人造船，船只要远航得先发明一个精确的时钟。这涉及多少人？这涉及成千上万人一代一代的努力。

一支铅笔如此神奇,它到底有几个意思?

世界上没有任何一个人,掌握了制造一支铅笔所需要的全部知识。怎么样才能造一支铅笔,这些知识从来不可能集中在一个人的大脑里面。没有单个人知道怎么做铅笔,但是这支铅笔却做出来了——这是它第一个神奇的地方。

每一个参与生产铅笔的人,也不知道自己的努力会导致一支铅笔的产生,每个人只是做自己手头上的事情。有些人根本就不知道铅笔是什么,有些人根本就不需要铅笔,但是经过他们的努力,却使得铅笔能够"不知不觉"地生产出来了,这是它第二个神奇的地方。

生产铅笔的这些人,生活在世界各个不同的角落,他们互相不认识,说着不同的语言,信仰不同的宗教,互相不理解,有时候互相看不起,或者互相敌视,甚至可能互相打过仗。但这没关系,他们能够共同合作,把一支铅笔造出来,这是它第三个神奇的地方。

更神奇的是,虽然一支铅笔凝聚着成千上万人的努力,积聚着一代一代人的知识,但是我们购买一支铅笔,所要支付的代价是微乎其微的。

铅笔只是我们生活之中的一个案例,我们生活之中的所有物品,基本上和铅笔的来历都非常相似,都是人与人之间合作的结果,所以说人与人之间的合作是必然的。

既然合作是必然的,那么双方就一定会合作,一旦有合作就会出现信息不对称,所以总会有一方"欺负"另外一方的行为。在我们生活之中,利用信息不对称来"欺负"别人的表现存在以下几种。

1. 欺骗

因为商家掌握着产品的信息,而买家则存在着信息不对称。买家要买商品,如果要对商品的质量做检验之后再进行交易,虽然商品的信息是对称了,但商品的交易费用可能会高得离谱。所以商家掌握这一点优势,对买家进行赤裸裸的价格欺骗。

2. 偷懒

两个人在搬一块石头,石头朝其中一个人倾倒,这说明这个人没有真的出力。

在上班的时候,老板看到每个员工都非常努力,但从业绩上来看,员工之间的结果差距是相当的大,那就证明有的员工是真努力,有的员工是假努力。但在工作表现上是看不出来的,只有结果出来时才知道。

3. 逆向选择

我们设定的一些条件,往往会向我们愿望相反的方向发展。在经济学上,经常研究的就是事与愿违的事情。

例如，有人提出男女同工同酬的要求，本来的目的是为了保护女性的收入，结果会导致企业在选择用工上，会更偏重使用男性，女性反而更难找到工作。因为在同等工资的情况下，企业家更愿意雇佣那些产能更高的男性，所以会使一些女性找不到工作。

4.道德风险

保险公司卖保险本来是要覆盖、冲抵掉意外所发生的成本。但是人们买了保险以后，就变得肆无忌惮了，做事情更加掉以轻心了，从而增加了意外发生的机会，保险反而成了人们肆无忌惮行为的"保护伞"。

5.敲竹杠

刚才说的上游让下游修完大坝以后，上游的人就跟下游的人说要重新谈条件，这就是一种敲竹杠的行为。在生活中人们为了利益，出现毁约的行为，基本上都是因为自己占了有利地位，从而出现欺负对方行为，都称为敲竹杠。

在市场上因为有信息不对称的存在，所以会导致人们之间会相互欺负、相互牵制、相互支配、相互敲竹杠，人们的这些行为，直接会导致人们之间出现"信任危机"，为了建立陌生人之间的信任，从而会导致人们在合作时，交易成本增加。

我们每个人都生活在社会里面，如果想生存下来，就要学会跟别人合作，跟别人相处。一旦我们学会了和别人如何合作、如何相处，那么，它会比我们一个人劳动获得的结果要多得多。

但是人与人合作的问题是：总有一些事情你不知道，总有一些别人可以操控的行为，你事前没办法操控。

所以每一个人都面临这样、那样的问题，就是怎么样才能够和别人合作，从中得到好处，但同时也要提防由于信息不对称，导致对方可能做出一些不受自己控制的行为，而使自己受到损害。

☞建立信任关系

我们在前面讲过，因为信息不对称，会导致人与人在合作的时候，会出现相互欺负、相互依赖、相互敲竹杠的不信任行为出现。人与人合作又是必然的，那么人们又是通过什么样的方式，来克服信息不对称，解决相互信任的关系呢？

1.第一种建立信任的模式：重复博弈

在过去，人们生活在部落里，基本都是熟人的社会，祖祖辈辈都互相认识。谁做了欺骗对方的事情，人们总能够找到他，总会记住他，在下一次合作中，就没有人愿意和不讲信誉的人合作，慢慢地，讲信誉是刻在基因里的，人们都希望自己能获得别人在合作上的认可，从而获得更多合作的机会。

重复博弈是克服信息不对称、逐渐建立信任的一个非常好的办法，它的原理就是：如果第一次你在信息不对称的情况下欺骗了我，那么下一次我就不和你合作，并会告诉我身边的朋友，提醒他们不要和你合作。人们为了获得和更多人的合作机会，就会克服欺骗别人的心理，让合作尽量趋于公平。

人们因为合作，彼此信任、彼此认可，慢慢地成为非常好的朋友，好朋友就是重复博弈的结果。通过多次合作，相互依赖、相互信任、彼此支持，最终发展成为非常稳固的同盟关系。在生活当中，在商业合作中，因为合作而发展成为非常好的朋友关系的案例比比皆是。

2. 第二种建立信任的模式：第三方背书

两个陌生人之间是没有信任关系的，但双方有共同的一个好朋友，那么有中间好朋友的担保，两个陌生人就可以克服信息不对称的障碍。

在封建社会，选拔官吏最常用的方式就是举荐制度，通过已经在职的官员，推荐自己比较熟悉有才能的人员给国家。这其中用的就是借用第三方背书，利用担保的形式建立官员选拔制度。

还有我们今天使用的信贷业务，如果贷款人，没有很强的经济偿还能力，需要有担保人，起到连带责任。一旦贷款人因为经济问题，无力偿还贷款，担保人具有连带责任。

那么商业用什么做担保呢？商业用的是品牌做担保。一旦这个品牌做了有损消费者利益的事情，那么这个品牌就会受损，就获得不了客户的认可，慢慢来的客户就会减少。

客户开发中，利用老客户介绍新客户，就是利用的第三方信任背书。利用新客户对老客户的信任，转嫁到对我们企业的信任。

3. 第三种建立信任的模式：向对方承诺

双方存在着信息不对称，卖方想让卖方没有风险，自己做出的一种承诺，承诺自己的产品，如果有质量问题可以接受各种的补偿行为。其中包括包退、包换、保修等。

对品质实施三包，包修、包换、包退，是对产品质量的一种担保。当消费者对你的产品没有信心的时候，你让他们试用一下、感觉一下，这当然能够克服信息不对称问题。

或者是为了说服对方的合作，向对方承诺某些条件，也是可以达到建立信任的目的。

厂家除了实施三包以外，还可以提供延保的选择。

延保就是延长保质期。你到苹果店里面买一台电脑，店员会问你：你要不要加一点钱买个延保？每一台苹果电脑自动有一年的保质期，再加一点钱可以把一年的保质期延长为三年。

问题是这延保的价格可不低，所以一般人是不会买这种延保的。一般人都不买，厂家为什么要提供？他难道想多赚一点钱吗？他如果为了想多赚一点钱，那应该把延保的价格降下来，让大多数人都愿意买延保才对，他为什么偏偏要把延保的价格提得那么高呢？

你可能会想，他可能是为了做宣传，让人家觉得他的产品可靠。但如果真的是这样，他为什么不索性就送大家三年延保，不就真能做这个广告了吗？他产品的形象不就更好了吗？苹果偏不，他要提供延保，但这延保价格又特别贵。

目的是什么？要回答这个问题，我们得看什么人会买延保。如果不买延保，你会怎么对待你自己的电脑？

如果不买延保，一年以后，你就会特别小心爱护你自己的电脑，买个套、买个包，喝水、喝咖啡的时候，要把杯子放得远远的，因为保质期过了，你要特别爱护你的电脑。

而另外有一种人，他知道自己粗心大意，知道自己整天把咖啡洒到键盘上；知道自己经常出差，电脑经常会受到撞击，有时候还掉到地上。

还有一些人，他对电脑的品质要求特别挑剔，容不得屏幕上有任何一个盲点，听见风扇太响就难受，这些人他会买延保。

还有一种可能，电脑是单位买的，电脑由不同的人使用，这时候它损坏的机会也更大，这样的买主会愿意付多一点钱买延保。

所以厂家提供高价延保的目的，是要克服另一个方向的信息不对称，他要把那些粗心大意和特别挑剔的顾客甄别出来，对他们收更高的费用。

因为这样，他们就能够确保产品质量所要付出的边际成本不至于太高。比如，键盘，不需要做到绝对的防水；比如，屏幕，不需要做到坚硬得可以抵抗小刀的涂刮；比如，机身，不需要坚固得可以抵抗一米高度的坠落。

4. 第四种建立信任的模式：以沉没成本取信于人

从博弈论的角度看，如果你故意付出一些不必要的沉没成本，那就能够取信于人，让别人觉得你是打算干下去的，你是不会走的，否则你不会这么傻。

很多酒店，他们的地毯刻上了酒店的名字，他们的器皿刻上了酒店的名字，他们的床单、毛巾上都有酒店的名字。这说明他们打算把生意做得很长久，不会轻易离开。

在生活中，我们如何利用沉没成本取信于人呢？

（1）厂商花费巨资做广告取信消费者。我有什么办法能取信于你呢？有一个办法，那就是我花一个亿，请一位明星做一个广告。这一个亿砸出去了、用掉了，成为沉没成本了，我是用实际行动告诉你，我已经把我操纵你的那种能力给废了，我已经无端端花掉了一个亿。

只有一个办法，我才能把这一个亿收回来。那就是我将要在未来十年里，持续地卖出10亿瓶水，每瓶水都保证质量，每瓶水都多收你一角钱，这样我才能把今天一下子就浪费掉的、花出去的一个亿给赚回来。

在这未来十年里面，在这10亿瓶水里面，任何一个时间如果我被"逮住"了，发现我的水有问题，你停止买我的水了，那我前面付出的那一个亿就血本无归了。我通过花这一个亿"自残"了，把我能操纵你的地位给严重削弱了，这样你就开始相信我了。

这是生产商花巨额资金做广告的作用，这作用就是通过请明星来"乱花钱"，从而取信消费者，这样才表明自己不会欺负消费者的决心，才能取信于消费者。所以明星本身用不用这产品无关紧要，只要"乱花钱"就可以了。

所以你看很多大的厂商，尽管已经名声在外，但还要不断地做广告，而且他会不断地翻出以前的广告来做，他是要向消费者不断地展示，你看我一直在"乱花钱"，我一直在"自残"，我一直在削弱我自己操纵你的能力。这样就能取信于消费者。

（2）喝酒获取信任。在中国酒文化中，喝很多酒是一种伤身的做法，是一种自残的行为，是向对方交付沉没成本的一种行为。

假如，下属会对上司、晚辈会对长辈说："这杯酒您随意，我喝三杯。"

这时候，上司、长辈心里就会想，你看这个人走过来，跟我不太熟，他自己无端端的自残三杯，这说明他付出了一定的沉没成本，他将来会好好地珍惜我跟他之间的关系，否则他今天付出的代价将来是收不回来的。

所以越是愿意自残的人，他越是比较被信得过。所以中国人才有所谓"感情深一口闷"之类酒桌上面的谚语。

（3）餐厅如何取信顾客。同样的道理，餐厅和顾客之间的关系，谁更容易操纵谁？当然顾客可能只有两种办法欺负餐厅的老板，那就是吃了不给钱或者给假钞。

而倒过来，餐厅却有无数种操纵顾客的办法，这种情况、这种地位的不对等，顾客知道吗？顾客知道，所以他不敢随便进去餐厅吃饭。

这时候，餐厅就要做出各种各样的姿态来示弱，来取信于顾客。他们把顾客说成是上帝，他们提供微笑服务，他们把餐厅装修得干净整洁，服务员穿上整齐的制服，到了时间就开始微笑。

餐厅把所有的餐具及桌椅都刻上餐厅的名字，这就是沉没成本。这就是为了向客户证明，他没有打算只做一个短线投资，赚个快钱，而是要把餐厅作为你的事业来经营，他会更注重菜品的质量和餐厅的名誉。

所有这一切，都是要向顾客表明，他们虽然是强者，他们虽然有能力操纵顾客，但他们不打算这么做，他们做的菜不会有问题。

表面上的强者，那些被尊称为上帝的顾客，其实才是弱者；表面上的弱者，他们其实是强者。这是人们解决信息不对称的一种办法。

（4）医院如何取信患者。同样的道理，病人和医生之间的信息不对称情况，也是非常严重的，所以医院也要做出种种的姿态来取信于病人。

医生和护士要穿上白大褂，医生的职称、履历要清楚地挂出来，医院用种种方式维护自己的声誉。而一位医生如果是连续三代行医，那是能加不少分的。为什么？

那是因为医生的声誉是不容易积攒起来的，连续三代行医，那说明他行医的质量有保证；同时反过来，他也愿意继续利用这三代行医的品牌，发挥他的价值。

5. 第五种建立信任的模式：以人质与付出抵押取信于人

跟付出沉没成本比较相似的另外一个办法是给出人质。一个大国的国王跟小国的国王说："你放心吧，我不会侵略你的，你们不要搞军备、不要武装起来了。"

小国相信吗？小国不相信。大国为了让小国相信，大国国王把自己的女儿嫁到小国去作为人质，这时候小国就比较容易相信。

当然，除了交出人质以外，付出抵押也是同样的办法。如果既没有人质、没有女儿，又没有抵押，那怎么办？还有一些比较便宜的办法，就互相分享一点秘密，那也算是一种无形的抵押，互相交个底，说点自己以前"见不得光"的事情。

和对方分享一下自己以往经历，就是拉近了我们的距离，让对方看到自己的另外一面，故意给对方交出一点点抵押，这时候双方之间的信任就会增加。

☞ 货币的作用

货币是人类共同想象出来的。

货币之所以有用最重要的原因在于，只要人们共同觉得它有用，只要人们共同愿意接受它，它就起作用了。所以说货币是人类共同想象出来的。

货币的第一个作用：避免交易中双重偶然性的要求。

在原始社会，没有货币出现的年代，人们为了满足自己的需求，需要和其他人进行物物交换。人们要达成交易，需要条件比较苛刻：我有面包要出售，而我需要牛奶，这时候我遇到怎么样的人才能达成交易呢？我必须遇到一个刚好手上既有牛奶要出售，而且同时又需要面包的人，只有刚好遇到这样的人，我们才能够达成交易。

这就是所谓的双重偶然性。我遇到了一位卖牛奶的人，这是一个偶然性；而同时这个人也需要我的面包，这是第二重偶然性。两重偶然性加在一起缺一不可，我们才能达到交易——这不容易。

而有了货币以后，交易就不需要满足双重偶然性了，只要满足一重偶然性就可以达成交易了。

在货币的帮助下，我只要遇到那些想买面包的人，我们就可以完成交易。我把面包卖给他，然后把赚到的钱存起来；同时，只要我见到那些卖牛奶的人，我们也可以达成交易，在货币的帮助下，我用存起来的钱向他买牛奶。这就是货币带给我们的极大的便利。

货币的出现，就摆脱了物物交换的情况下我们必须满足的双重偶然性的要求，它带给我们巨大的方便。

货币的第二个作用：降低产品质量检验成本。

如果没有货币的帮助，人们只能进行物物交换。我作为一个卖面包的人，屠夫来买我面包的时候，我得学会检验他给我交换的肉合不合格；酿酒商来买我面包的时候，我得品尝他的酒合不合格；裁缝来买我面包的时候，我得检验他的衣服合不合格。

每个人都需要成为天下所有商品的质量检验者，人们的学习的压力好大。有了货币就不需要了，交易时只需要检验货币的真假就行了。

货币的第三个作用：增加市场交易量。

我们不需要满足双重偶然性的要求、质检的成本减半，结果是什么？结果是交易量大增。交易量大增的结果是什么？社会上每一个参与交易的人，幸福感都得到了极大的提高。

至于用什么来做货币？相比之下这是一个次要的问题，用什么来做货币都可以，历史上几乎任何东西都曾经拿来做过货币。

在历史上曾经用来做过货币的物品，五花八门，无奇不有。比方说羊、猪、牛、马、大米、盐、酒、茶叶、铁、铜、金、银、象牙、指甲、动物的毛皮等等，当然还有最常见的石头。

☞ 边际成本

边际就是"新增"带来的"新增"。

边际成本就是每新增一个单位产品，所要新增的成本叫边际成本；边际收入是多卖一个产品，你能够新增的收入叫边际收入；边际产量是你多增加一份投入，所能够多获得的产量；边际效用是你多消耗一个单位的商品，所能带来的新增的享受。

在吃馒头的时候，馒头给我们的边际效用是递减的。这句话的意思是，你吃第一口馒头，这口馒头给你带来的效用很高，第二口馒头给你带来的新增的效用就会少一点，第三口又再少一点，一步一步地减下去，这叫边际效用递减。

美国的罗斯福总统是美国历史上唯一一位连任4届的总统。当他第四次当选总统以后，有位记者就来问他："第四次当选总统是什么感受？"罗斯福没有当场回答他的问题，而是请这位记者吃三明治。

吃第一块三明治的时候，这位记者觉得这可是殊荣啊，真是了不起，面子真大；第二块的时候他觉得已经感觉平平了；第三块的时候，他已经很难咽下去了。

然后罗斯福把第四块三明治放到这位记者的面前，他说："你把这第四块三明治吃下去，你刚才问我的问题，我就不用回答了，你自己会有亲身感受。"

边际效用和边际成本是一个成对的概念。我们吃馒头，馒头带给我们的效用在递减，但与此同时，我们每吃一个馒头，都要付出一定的成本。比方说你要为馒头付钱，这时候边际效用递减，它减到某个程度，边际效用就会低过你为馒头所付的价格。这时候你就会停止买馒头，停止吃馒头。

换句话说，当你吃馒头的边际效用，高于你为多吃一个馒头所付出的边际成本的时候，你会继续吃馒头。但是倒过来，如果你为馒头所付的边际成本，高于馒头带给你的边际效用的话，你就要减少吃馒头。

也就是说，人们会朝着边际平衡的方向迈进，边际收益要尽量等于边际成本。

边际成本指的是每多生产或者每多卖一件产品，所带来的总成本的增加。企业运营的核心就是降低边际成本，引流更多客户。降低边际成本，不是要降低企业成本投入，而是在固定成本下，如何提高企业流量，通过降低流量来增加企业的销量和利润。

麦当劳是怎么利用边际成本呢？

麦当劳在制订促销政策时，单点比套餐的价格要高出40%，为什么呢？因为麦当劳在设计活动时，汉堡和鸡腿挣你正常的利润，但薯条和可乐少挣钱甚至不挣钱。这样的目的是，虽然薯条和可乐挣的钱少或者不挣钱，但它挣的是基础费用。

什么是基础费用？门店的房租、水电、员工工资等固定开支，这些成本是已经付出去的，不能收回的。当麦当劳多卖出一份薯条和可乐时，他的边际成本几乎等于零，但因为多卖了产品，产生的利润可以抵消员工工资、房租、水电等费用。所以对麦当劳来讲是非常划算的，也是边际成本和边际收益的一个典型案例。

例如：我们是开兽药门店，做线下生意的。我们每天可以拜访10个养殖户，那么门店的房租、车费、员工工资、门店的其他所有开支加一起，假如一共是300元，那么我们每个客户的边际成本就是30元/人。

如果我们想降低我们的边际成本，需要怎么做？

具体的方法就是在成本固定的情况下，提高我们门店的流量，也就是提高我们获得客户的数量。那么如何提高企业流量呢？

具体有三种方法可以提高企业的流量：第一，从渠道来；第二，从广告来；第三，从品牌来。

从品牌来是什么意思？就是消费者是认你的品牌直接来找你。认你的品牌直接来找你的时候，企业的流量在增加，但你的边际成本是多少呢？你的边际成本就是零。所以我们要讲流量转换，那首先就要讲流量的成本。

什么叫从渠道来呢？比如说你在大街上开了一个商铺，你交的租金买的是什么呢？买的就是每天从这条街经过的人的流量。

从广告来的流量，就是你通过广告的投资让顾客知道你，或者有了购买的兴趣，他来购买你的产品。

这是获得流量的三个主要的方式。

那么有了互联网，特别是有了搜索引擎之后，我们就有了一种新的流量获取的方式，购买关键词。顾客通过搜索关键词，把它导入我的这个店面里面来，也可以转换为购买。

那么具体该如何运营者获得流量的三个途径呢？

案例：当下对于我们兽药门店来讲，常用的市场开发套路有：直接跑市场、开大会让老客户给我们带新客户、微信营销、会员制以老带新等几个途径。

边际成本的结构性改变，是互联网经济对传统经济最重要的一个冲击。

互联网带来的用户规模理论无上限，"边际成本"几乎为零，给传统企业带来了成本的结构性冲击。

特别是针对2019年非洲猪瘟影响，很多养殖户都不敢参加会议，导致很多兽药门店的生意直线下降。这本来是一件不好的事情，但一些有远见的经销商，开始启动微信营销这个板块。

就是在这种不能下去拜访养殖户的情况下，开辟了兽药销售的新途径。假如没有这次危机，经销商的营销模式还是以"狩猎式营销"，以每天跑市场为主。

每天跑市场的营销成本就非常高，再加上员工工资不断上涨。2004年用一个司机500元/月，2010年2000元/月，2017年不低于3000元/月。技术老师的工资会更高，而从2004年截至现在，门店的销量变化不大，这些无形之中加大了门店的销售费用。

销售费用的增加，直接导致门店边际成本的增加，边际成本的增加，直接影响着门店的纯利润。

以兽药门店为例，要降低门店的边际成本，就要用我们前面讲的三种获得流量的途径进行，增加流量。

1. 我们从渠道上获得客户的流量

我们原来每天拜访养殖户也就是5～8个，这是我们的传统流量。那么需要增加的方式有两种：微信营销和会议营销。都是通过增加和客户接触的机会来增加流量。

2. 我们从广告中获得流量

可以在每个养殖场门口和村庄的进出要道上挂上条幅，给每个养殖户发一个不干胶，上门写上"养殖重地、闲人免进"，下面是我们的产品及门店广告。

同时在微信群内定期投放产品广告，让老客户进行分享产品使用案例，以此来影响新客户。

让养殖户帮助我们发朋友圈，借助客户的信任背书，增加客户的信任度。

这两种线上和线下的宣传方法，就是利用广告获得的流量。

3. 从品牌上获得流量

打造门店的品牌形象，树立门店对某一专一疾病有独特的治疗效果，以此来区分和其他兽药门店的区别，让客户主动上门。

借助会员制的形式，利用老客户的口碑，来影响新客户。从而达到引流的效果。

利用边际成本和边际收益二者的平衡，从而可以使企业的利润最大化。

☞引流逻辑

众所周知销售的公式是营业额＝客流量×转化率×客单价×回购率。要想让营业额增加，就要从客流量、转化率、客单价、回购率这四个方面下手。通过改变四个元素，从而达到增加销售量的目的。

那么在商业中，利用这几种元素，有哪些变形，但也可以生存下来呢？

（1）转化率低、客单价低的情况下，只要客流量大，也可以生存下来。例如大型超市和快餐店，虽然客户的转化率低，客单价低，回购率低，但因为客户的流量太大，也可以生存下来。

（2）客流量低、客单价低的情况下，只要转化率高，也可以生存。例如衣服行业、奶茶行业。

（3）客流量低、转化率低的情况下，只要利润差价高，也可以生存。例如医药行业、美容行业、化妆品行业等。

那么最理想的商业模式是什么呢？最理想的商业模式就是：客流量高、转化率高、客单价高、回购率高，这四个元素都达到最高，那么企业的营业额也会达到最高。

我们先从第一个环节入手，如何提高客流量。客流量是做生意的第一个环节，也是最重要的一个环节，如果没有客流量，那么后面的环节就很难维持下去。

例如，我们单位周围的一些饭店，基本上进入了一个怪圈，每半年换一轮。为什么会出现这种现象呢？是不是饭店的饭菜没有利润，不是，因为没有顾客进门。准确讲就是没有客流量，导致整个饭店在半年内就倒闭了。

那么我们如何引进企业的流量呢？我们要把企业的流量分为三种：自然流量、现有流量、拓展流量。

自然流量是指客户经过我们的门店，看到门店的招牌，主动进店的客户流量。

现有流量是指企业目前拥有的、能够控制链接的流量。例如企业运营了3年多了，已经合作的沉淀下来的固定客户，这些都是现有流量。可以控制的流量，就是我们通过互联网或者其他社会资源，可以导入企业的流量。或者是行业聚集地，引发的客户流量。

拓展流量是指在以上两个流量的基础上，通过开展活动能够迅速裂变出来的流量。例如，我们以老带新活动，谁带过来一个新客户成交，就可以获得一次抽奖机会。或者是利用互联网工具，如抖音、快手、微信等引发客户关注，带来的流量。

对于我们来讲，企业现有的流量我们不用去过多地关注，我们要把重心放在拓展流量上。

那么我们又如何设计我们的引流模式呢？要做到引流模式，就要研究引流的主体是谁？我们引流的主体就是人，这个主体的特点就是喜欢占便宜。那么我们就来设计让客户占便宜的场景，找机会、找场景给客户占便宜，从而达到吸引更多客户关注的目的。

那么客户占便宜的模式有哪几种？总体上来讲就两种：①免单；②赠品。

客户的免单模式该如何设计呢？这里的免单，不仅仅是免费，如果完全免费也得不到客户的尊重，从而失去引流的意义。而且还包括能够刺激客户眼球的低价产品。

免费的形式有两种：一种是产品免费，另一种是服务免费。免费也是有条件的，不是直接免费，而是需要增加客户的沉没成本之后，再给客户免费。

例如："四人同行，一人免单"，这其实也就是打7.5折。"充值本次消费3倍金额，本次免单"也是打7.5折。海洋馆规定"小孩与大人同行，小孩免费，大人收费"等营销方案都是利用的免费的营销策略。

饭店如果要做活动该如何进行呢？一桌饭花费1000元，你会给客户打几折呢？打8折，等于少收200元。那可不可以折扣称菜品，送几道菜加在一起也是200元，是不是也给主人的面子了，也起到打折的效果了。

如果你不想送菜，可以送200元的优惠券，下次消费时可以使用，同样可以达到折扣的效果。

这就是免费赠送的策略,给客户创造"占便宜"的环境,前提是有条件的,这样可以增加客户的沉没成本,让客户重视这次优惠政策。

完全免费的东西客户是不会珍惜的。

例如,一个饭店的活动是:凡是进店消费的顾客,啤酒免费喝,喝多少都行。结果并没有引流来多少客户。后来政策改为,在本店消费的客户,都可以享受一次20元买100瓶啤酒的机会,结果生意暴涨。

第二种免费方式是赠品。赠品包含三种:返现、送券、赠礼品。

返现,例如充值3000元,返1000元;

送券,例如消费1000元,送200元代金券;

送礼品,买什么产品,另外送什么礼品。

不论是那一种形式,目的都是为了满足人性的中的占便宜心态,只要满足这种心态的行为,都可以达到引流的效果。

第二种引流方式叫异业联盟。

什么叫异业联盟?就是和非竞争性企业联盟,通过共享互补资源,为对方的用户创造额外价值,并与之分享收益。异业联盟可以被分为渠道异业联盟、营销异业联盟和产品异业联盟。

做兽药门店的代理商,虽然发展的速度很快,但也遇到了流量天花板。怎么办?

寻找新流量。

可以找卖饲料的业务员或饲料店进行合作,达到公用客户流量渠道的模式。

我是航空公司,想让更多人选择我的航班,怎么办?和酒店集团结成异业联盟,进行积分互换。酒店的常旅客,可以用积分换机票;航空公司的常旅客,可以用积分换酒店。这是渠道异业联盟。

我是卖生活用品的,比如毛巾,睡衣,不亲自体验用户很难感受到产品的品质,怎么办?和酒店这个最佳的体验场合作。网易严选和亚朵酒店合作,在酒店里配备并销售严选的生活用品,客人体验后觉得喜欢,就能马上购买。这是渠道异业联盟。

二、人类感性偏差

> 在商业中，除了要克服信息不对称之外，还要考虑人们的"喜欢""偏好"带来的感性因素。这些受基因"支配"的感性因素，更多的时候会左右人们的购买行为。

☞大脑是如何产生购买决定的？

大脑在应对外界事物的刺激，会作出反应，一般是由两个系统完成：直觉系统和理性系统。

直觉系统，也是人的第一反应，是大脑得到感官器官（眼、口、鼻、耳、手等器官）传递过来的信息，第一时间给予的回应，反应速度比较快，需要借助的是个人的经验及以往经历获得。

例如：当一个人在非洲大草原上，无忧无虑地走着，突然看见前面不远处有一头狮子正在看着他，那么他在看见前面有一个动物时，不需要进行大脑反应，就可以判断出对面是一头狮子。

因为有关狮子的所有信息，都会在第一时间在大脑里形成，而且还可以判断出，这个动物对自己是有危害的。当这个人看到前面一个动物，并判断（有的人有见到过狮子的经历，有的人在电视上看到过，有的人是听别人描述过狮子的形象，不管什么原因，都是靠以往的经验做出的判断）出来是头狮子，且对自己有危险时，这一系列的动作就是直觉系统起的作用。

理性系统，是人进行理性计算的过程。又称为人的思考过程，所谓的思考过程，就是人在通过大量信息不对称的情况下，利用已知信息和个人经验进行理性计算的过程。

计算一下，面对当前情况，自己有多少种选择？怎么选择对自己更有利？这种计算的结果，受限于自己已知信息（信息不对称的情况下，自己知道的那部分信息）和过往经验及个人知识储备。

还是上面的例子，当这个人判断出来对面的动物是一头狮子时，开始启动理性思考系统：①计算一下自己和狮子之间大概的距离；②计算一下自己和这头狮子之间的力量对比，自己是否带有猎枪？自己和一把猎枪能否战胜狮子？③计算一下周边可利用的人和资源：有没有同伴？同伴手中有没有武器？周围可以抵御狮子的设施（房子、车或其他设施）？④所有的计算结束之后，采取自己认为当下最理想的一项选择，开始指挥身体采取行动。

直觉系统和理性系统两者的配合，完成了大脑的思考与判断，然后大脑再向我们的身体发送各种指令，从而来指导我们身体开始运行。但直觉系统和理性系统都有自己的优缺点。

直觉系统的优势是：大脑反应快，对大脑的能量消耗非常少，也是使用最多最频繁的一个系统。人类90%以上的判断及行动指令，都是依靠直觉系统完成。

直觉系统的缺点是：思考片面，容易走偏，靠的是自己的以往经验和个人知识储备，容易"感情用事"。也就是我们之前讲的七情六欲，会影响直觉系统的判断。

所谓的"感情用事"，就是我们所说的人类的喜好性，又称为"人性"。在商业的运营中很多营销方案都会利用人性的偏好，而采用相应的措施，从而获得良好的营销效果。

第一种，心理账户。

我们会把钱分门别类的存在不同的心理账户里面。比如说，生活必要的开支账户，家庭建设和个人发展账户，情感维系账户，享乐休闲账户等。虽然这些账户都是在一个大账户之下，但其实各个子账户都是独立存在的。

现在我们做一个实验：第一个问题，我们自己会不会花500元给自己买一个蛋糕？95%以上的人回答是："不会"。为什么呢？因为500元买一个蛋糕太贵了。那么我们得到的第一个答案是：500元一个蛋糕太贵了。

第二个问题：如果这个蛋糕是给孩子买的，那么500元的价格还贵吗？95%以上的人回答是："还可以接受"。

第三个问题：如果我们找学校领导给我们孩子办转学的事，正好我们知道了领导孩子过生日的信息，那么我们送500元的蛋糕能不能拿出手（领导孩子过生日，送500元的蛋糕，档次太低）？得到的答案是："价格有点低"。

同样一个蛋糕，蛋糕本身也没有什么变化，但三种场景决定了蛋糕能否卖出去！是什么原因呢？原因只有一个，就是每个人在买蛋糕时，会把心理账户拿出来做对比，结果自然就不一样了。

第二种，沉没成本。

人们在决定是否做一件事情的时候，不仅仅是看这件事情未来对他是不是有好处，同时也会注意自己是不是在过去，已经在这件事情上面有过投入，如果投入过，那么很难下决定放弃。这是一种非常有趣而顽固的非理性的心理，我们称之为沉没成本。

第三种，比例偏见。

比例偏见是指，在很多场合，本来应该考虑数值本身的变化，但是人们更加倾向于考虑比例或者倍率的变化，也就是说人们对比例的感知，比对数值本身的感知更加敏感。

第四种，损失规避。

今天你在上班的路上捡到100块钱，可是刚要高兴，这100块钱立刻被风卷走了，那你先捡了100块，后来又丢了100块，快乐和懊恼正好相互抵消，你似乎应该回到没有捡到钱之前的那个平静的状态，可是大部分人在这个时候一天的心情都不会太好。

第五种，价格锚点。

消费者其实并不真的是为商品的成本付费，他是为商品的价值感而付费。价格锚点的逻辑，就是让消费者有一个可对比的价格感知。

比如，商家在调整商品价格时，是应该直接降价，还是应该打折呢？按照传统经济学理论，如果降价和打折之后的价格相同，对消费者的决策不会有任何影响。但是有经验的商人都知道，一般来说，打折的效果比直接降价要好得多。为什么呢？因为打折的时候会附带商品原价，根据锚定效应，原价会影响消费者脑子里对商品的估价，形成一个比较高的锚定值，消费者会觉得打折后的价格很合算，更容易成交。

理性系统的优势：考虑全面，思考缜密，"计算完善"。

理性系统的缺点：大脑能力消耗比较多，比较懒惰，很少使用，大脑大部分情况下是靠直觉直接给身体下命令。

我们既然知道了双方的优缺点，那么如何利用直觉系统和理性系统进行结合，避免直觉系统带来的偏见和失误，改进我们的思维？

既然偏见和失误往往与直觉系统的主导地位相关，那么，要解决问题，从原理上来说是很简单的，就是放慢思考，主动的激活理性系统，来对直觉系统的直觉思考结果进行理性检验，弥补直觉系统的缺陷，减少那些由直觉产生的偏见和错觉。

我们既然知道了，大脑的决定是由直觉系统和理性系统配合完成的，那么人们的购买行为是由哪个系统起决定作用呢？

人们的购买行为是由直觉系统起决定作用的！

商业运营的核心是：利用顾客对商品信息的不对称而产生差价利润。因为顾客对商品信息的不对称因素，所以需要借助直觉系统和理性系统双重作用，对商品价格信息进行评判，从而产生购买决定。

直觉系统是受"零钱账户"的影响。什么叫零钱账户？你口袋里有100元现金，没有换开之前，这100元花掉的速度非常慢。如果你花掉1元，剩余的99元会花掉的速度非常快。这种现象就是因为剩余的99元是零钱，在心理上不受重视，所以花掉的速度比较快，这种行为称为零钱账户。

零钱账户受什么因素影响？零钱账户受金钱的额度影响！根据每个人的经济状况不同，每个人的零钱账户额度也是不同。但对于大众来讲，一般人的零钱账户为200元以内。

你在网上逛网店，200元以内的商品只要你看中，那么随手都会放进购物车，不会有太多的犹豫。如果你看的是一台价格为1万元的格力空调，那么你犹豫的时间会长，总感觉还是到实体店里看一眼比较放心。这就是零钱账户在起作用。

那么理性系统参与不参与购买行为的决定呢？也参与，但参与的时间是有限的，只有13秒！什么意思，也就是说，当一个人决定购买某一商品时，理性系统计算该商品是否购买的时间只有13秒，13秒内决定购买，就会购买，13秒之内没有下定决心购买，那么这次他就不会参加购买。

那么直觉系统和理性系统的结合对购买决定有什么影响？零钱账户会影响理性思考计算时间，额度越低，大脑思考的时间越短。额度越高，大脑思考的时间越长，当思考时间超出13秒以后，就会决定这次不购买了。所以我们在做商业活动时，最好把每一单金额都设定在顾客的零钱账户以内，以增加客户的购买率。

表面上看，购买行为直觉系统和理性系统都参与了决策，但理性系统参与的时间非常短，所以购买行为大部分情况下，还是依靠直觉系统在起作用。只要是直觉系统主导，那么一定会有感情偏差。

所以也可以说，只要是能够打动人类情绪的营销方案，都会达到好的营销效果。在后期的营销方案里，我们都是遵循打动客户情感为主线，来设计营销方案，让客户产品购买行为的。

☞ 心理账户

我们在生活中会见到这种现象：有的人在生活上很节约，一旦遇到他比较喜欢的东西或事情上，花钱又特别的"大方"。

没有结婚的小姑娘，上班挣的工资，在生活上宁可吃泡面，非常节约，但是在买化妆品上，往往都是名牌，占整个月工资的一半以上。难道对身体健康的爱护，还抵不上化妆品的诱惑？

一旦小姑娘结婚生子后，那么又出现了翻转，原来愿意把大部分工资花在化妆品上，现在把大部分工资都花在孩子身上，而化妆品的投入一减再减，不断的压缩化妆品开支。这又是为什么呢？

人们在花钱这方面，有时特别节约，有时又特别大方，那么到底是什么心理决定着人们的行为呢？那就是心理账户在起作用。什么叫心理账户呢？

人们会把自己银行卡内的钱，进行分门别类的划分，感觉自己对某个事情的情感判断，来消费自己的金钱的行为，称为心理账户。每个人的心理账户是不一样的，所以表现出来的"小气"和"大方"千差万别。但有一点是一样的，就是花钱都有大方和小气的时候。

2016年我曾经经历过这样一件事情：

湖北经销商罗老师跟我说："秦老师，我遇到过这样的一个问题。我在给一个新客户介绍咱们的大单品时，我跟他聊了很久，介绍了这个产品是哪个厂家的、哪个专家研发的、采用的是什么先进的工艺。

介绍了半天，介绍的我都口干舌燥，我当时自己都被自己感动了。结果呢？他也确实很心动，似乎觉得什么都好，但最后就是觉得太贵了。

我们的大单品已经卖了一年多了，很多客户都接受了，按理说，养殖户应该都能接受呀，为什么他还是觉得贵呢？"

我说："你感觉是什么原因他没接受呢？"

罗老师说："是不是这个养殖户观念跟不上，太小气了？"

我说："不一定，你可以看一下他家里存的产品，价格有的比我们的产品价格还要高。所以说他并不是养殖户观念和小气的问题。"

罗老师说："那到底是什么原因导致这个养殖户最后感觉这个产品比较贵呢？"

我说："产品本身是没有贵贱之分的，因为存在着信息不对称，客户认知的不同，就会决定产品的价值不同，价值的不同就会决定客户是否愿意花这个价格购买产品"，那么具体怎么做，才能促使客户愿意购买产品呢？

那就需要起到客户的心理账户，看看客户愿意为什么样的情感买单？不同的客户是不一样的，但人类受身份信号的影响，会产生共同的情感诉求，所以就会做出共同的购买行为。

还是以前面那个蛋糕为例，同一个蛋糕，本身虽然没有什么变化，但三种场景决定了客户的三种情感诉求，三种情感诉求决定了客户对待蛋糕的价格的不同。

这种不同就在于，我们会把钱分门别类地存在不同的心理账户里面。比如说，生活必要的开支账户，家庭建设和个人发展账户，情感维系账户，享乐休闲账户，等等。虽然这些账户都是在一个大账户之下，但其实各个子账户都是独立存在的。

第一个问题的心理账户是个人生活必需的开支账户，对于这个账户，节约就是主要情感诉求，那么300元的蛋糕价格肯定高。

第二个问题的心理账户是情感维系账户，对子女的关爱要远远大于500元，是亲情诉求打动了客户的情绪，那么这个价格就是能接受。

第三个问题的心理账户是投资账户，高投资，高回报（孩子是一个家庭的希望，投资孩子，就是投资希望），对于这个账户投资了500元回报很高，所以300元的蛋糕就是价格有点低了。

这就是商品在客户眼中贵与便宜的商业逻辑，也就是我们商家眼中客户的"小气"与"大方"。

在商业的世界里，其实没有所谓绝对的"小气"，也没有所谓绝对的"大方"，只是一个人对一个商品的价值的判断，他认不认为你的这个商品值这个价格。他可能会在这件商品上非常"小气"，可是在其他很多商品上却非常"大方"，为什么会这样？那是因为钱这个东西，在我们心里面其实并不是统一存放的，我们是把钱分门别类地存在不同的心理账户里面。

对于我们来讲，我们需要做的不是调整产品的价格，而是要改变顾客对你商品的认知，让他从不愿意花钱的心理账户，转移到愿意为此付钱的那个心理账户里面去，这个时候，你就会发现，可能曾经很"小气"的客户变得非常"大方"起来。

客户其实并不真的是"小气"，而是你的这个商品，并不在他愿意为此付费的那个心理账户里面。

那么对于罗老师这个问题，我们该怎么解决呢？

养殖户在购买产品时就想知道两件事。

（1）我用这个产品，能给我带来多少好处？也就是所谓的产品价值。

（2）如果我现在买这个产品，有便宜占吗？

我们给养殖户介绍：这个产品你投入100元的成本，就可以有300元的收益。现在你投入的是100元的本钱，而不是消费，未来你会收益300元。那么养殖户的接受概率就会大大地提高。

因为你把这个产品，从养殖户的消费账户，转移到他的投资账户，所以养殖户就更容易接受。

沉没成本

你买了一张电影票，在电影开始十几分钟后，你就发现这不是喜欢看的电影，这时你会怎么选择呢？是果断离开？还是一边玩手机，一边看电影，坚持把电影看完？

90%以上的人会选择后者——这就是沉没成本。在经济学上，有句常用语"沉没成本不是成本"，但又有多少人能理性对待呢？

今天你去逛街买衣服，在一家店里面看见一件非常漂亮的衣服，也很想买，跟这个店主讨价还价好半天。可是呢，这个店主啊，总是不愿意把价格让下来，这个时候你应该怎么办呢？

很多人会说："假装说我不要了，然后掉头就走，看店主的反应。店主为了卖这个衣服，肯定会妥协"。结果呢？你很有可能发现，这个店主根本就不搭理你，你走就走了。到底什么才是正确的方法？除了掉头就走，其实你还有一种策略可以尝试，这种策略叫作沉没成本。

人们在决定是否做一件事情的时候，不仅仅是看这件事情未来对他是不是有好处，同时也会注意自己是不是在过去，已经在这件事情上面有过投入，这是一种非常有趣而顽固的非理性的心理，我们称之为沉没成本。

那么正确应用沉没成本的方法是：在店里反复挑选，反复试穿，不停地跟店员沟通。让店员在你身上，尽量花费最大的精力。店员花费的精力越大，她的沉没成本就越大，那么店员为了不让这部分沉没成本损失掉，可能会给你更多的优惠。当你为挑选衣服花费了一个多小时，这时如果店员不同意你的建议价格，那么你可以选择转身就走，店员让你回来的概率会提高非常多。

这是我们在日常生活中，利用增加店员的沉没成本，来提高我们谈判筹码的一种方法，让店员因为看中自己已经付出的沉没成本，从而产生妥协的一个案例。

但在我们使用沉没成本时，要永远要盯住边际成本和边际收益，把它作为我们未来行动的指南。每当我们要做出决策的时候，总要问一个切中要害的问题，那就是我们还要投入多少才能得到预期的回报。

例如：我们手上有两个方案，A方案和B方案。A方案说，如果我们投入100元，就能得到150元的回报。B方案说，如果我们投入100元，就能获得200元的回报。

这时候，如果A方案没有开始投入，B方案也没有开始投入。这两个方案摆在你面前，选哪个更好？当然是B方案更好。

如果情况发生改变，我们在A方案上面已经投入50元，同样，在B方案里面也已经投入50。你会在哪个方案上继续投入？在A方案里面，你再投入50元能得到150元；在B方案，同样是再投入50元，你能得到200元的回报。这时候，当然还是选B方案。

但是，如果情况不是这样，如果你在A方案里面已经投入了90元，也就是说你只要再投入10元就能得到150元的回报；而B方案你还完全没有开始投，也就是说，你得投入100元，才能得到200元的回报。这时候，A方案就比B方案更有吸引力。因为A方案的边际回报要比B方案的边际回报更高。

所以说A方案和B方案的比较，不是绝对的。它取决于我们在A方案和B方案里面还要投入多少，才能够获得多少回报。可见真正能够指导我们决策的，是在当前的时点下，未来的投资回报率。

再如薛兆丰老师讲的一个自己的案例：很多年前薛老师买了个空调，当时是夏天，所以一心想的就是制冷，薛老师花3000元买了一个只能制冷的空调，当时没考虑，到了冬天薛老师也需要制暖功能。

其实，当时薛老师只要多付1000元，就能够买到一个既能制冷又能制暖的空调。但是薛老师当时做错了决策，薛老师花3000元买了一个只能制冷的空调，到了冬天薛老师才发现问题。这时候薛老师应该怎么做选择呢？

沉没成本不是成本，3000元，买这个只能制冷的空调的钱已经付出去了，薛老师继续享受它的成本几乎是零。如果薛老师要制暖，就得重新买一个有制暖功能的空调，那得再付4000元。而现在这个只能制冷的空调，即使把它卖掉，也只能得到1000元。也就是说，边际上薛老师要获得空调制暖的功能，得多付3000元。

在不同的决策点上，边际成本是不一样的。薛老师在夏天买空调的时候，如果要制暖的功能，只要多付1000元就可以了。但到冬天薛老师才意识到问题，这时候薛老师要把原来的空调卖掉，再买个新的，获得制暖功能的边际成本，就从1000元变成了3000元。

对薛老师来说，在当时的条件下，这太贵了。所以薛老师的选择是，将就着用这个只能制冷的空调，而另外再花300元买一个暖风机。将就着过就算了。将就着过，当然不够理想，但是错误的决策已经做出，木已成舟，所以将就着过是更经济的决策。这是永远盯住边际成本和边际收益的含义。

如果用在我们商业上，该如何使用呢？

（1）在去拜访陌生客户时，可以向客户讨一杯水。

在拜访陌生客户时，不要谈论别的内容，先向客户说："老板您好，咱们这里有没有开水？帮忙倒杯开水，谢谢了！"

客户如果不是正在忙着的，一般都会给我们倒一杯开水。为什么呢？我们前面讲过，基因对待友情的态度就是交换。当我们有需求，需要"朋友"帮助时，基因会指示人们采取交换的行为，对我们先行帮助。

为的就是要获得对方的"感激"之情，期待对方因感激而会做出对自己有所回报的事情。这是基因的行为，也是人性！

当客户给我们倒了一杯水之后，那么帮助对方的环节已经结束，基因就是期待对方给我们以回报，有的是现场回报，有的是日后回报，不论是那种情况，基因就会产生"需要对方回报的期待"。这种期待产生的结果，就是可以让陌生的客户陪我们聊一会。客户不希望我们立马走掉，这样他的期待就会落空。

让客户陪我们聊天，这是我们在推销产品时的最基本需求，就怕客户不给我们机会，直接拒绝，让我们走人。我们正好利用这种原理，让客户投到我们身上的沉没成本增加，客户投入的沉没成本越多，我们推销成功的概率就越大。

（2）会员积分卡。

很多商家都推出了会员积分卡活动，会员积分卡活动，也是可以达到增加客户的沉没成本的效果。

还有商家推出了，集够10次消费，送一次的活动。那么按照正常的设计，应该10个小格一张卡片，每消费一次，就花掉一格，集够10格，就送一次免费的。

但是这样设计客户是没有沉没成本的概念，为了增加客户的沉没成本，我们可以把卡片设计成为12个格子，提前给客户划掉2个格子。

当客户拿到做成12格的会员积分卡时，发现已经划掉了2格。这样就会在心里面产生："已经积累了2个了，再积累10个就可以了，如果现在放弃了，就有点太可惜了。"

这就是充分利用了客户的沉没成本：已经划掉2格了，如果不用会很可惜。那么在种心理下，客户很快就会用够10次。

（3）优惠券。

在给客户做活动时，我们可以设计，消费满1000元，送200元的代金券。这个代金券的使用方法是：下次消费满1000元，可以用200元的代金券。

有人就说了，"那么直接送客户的代金券不是更好吗？"如果直接赠送代金券效果并不好。为什么不好呢？因为没有起到增加客户的沉没成本的效果，客户是不会珍惜的。只有自己消费了1000元，然后获得的代金券，会让客户在心理上认为：这张代金券是花1000元买来的，如果不用，上次消费的1000元就太亏了，所以必须得用。

一旦客户拿到这个代金券，使用代金券就要按照要求，还要用产品。丢掉，沉没成本的心理又不允许他这样做。最后的结果，就是客户把我们的代金券都会用完。

（4）先消费，后充值。

我在一家超市购买了200元的产品，去结账时，收银员告诉我说："先生，我们今天有活动，消费满300元，送飞利浦剃须刀一台。"说完就给我拿过来看。

我一算，现在已经买了200元了，再买100元，就可以获得一个价值几十元的剃须刀，虽然家里面有剃须刀，但这个机会是非常难得的。只需要再花费100元，就可以多得一个剃须刀，如果放弃了，就太可惜了。所以毫不犹豫地就进入超市，再买100元的产品，凑够300元，把礼品拿走。

（5）新招聘的销售人员或办公文员，来公司的第一件事情，不是先培训门店企业文化和产品，而是先干一些体力劳动。

新员工对公司是没有感情的，没有感情等于就是没有沉没成本，没有沉没成本，那么就要找机会增加新员工的沉没成本。那么让员工先干一些体力活，先积累一些在公司的"成就"。

当他想走的时候，会想："这个房间是我打扫的，打扫的非常干净；这个桌子还是我从家具市场买回来的；这个电脑还是我动手组装的。"想到这些，如果现在走了，干这么多活等于就是白干了。就是再难，也不能走，也不能让劳动成果便宜了别人。

新员工干得越多，沉没成本越大，那么他离开的可能性就越小。

沉没成本的案例非常多，在商业中使用的也是非常频繁，只要我们设计好，让客户的沉没成本增加，那么客户购买产品的概率就会朝着我们期望的方向发展。

☞ 比例偏见

"双11"又到了，商家为了促进销量，打算定搞一个活动：定1000元的产品，送一个价值100元的电暖风给客户。本来满心以为客户会很感激，并且大大地增加门店的销量，可是发现客户并不在意，根本就没有几个人参加，为什么会这样？

是因为送的太少吗？其实不是，商家送的可能并不少，商家只是让用户感觉送的太少了，在大多数客户心目中1000元送100元，那就是10%的返利，这也算搞活动？

你觉得很心疼，客户觉得你没诚意，这是因为消费者心目中，有一个非常重要的价值判断逻辑，我们称之为比例偏见。

同一款电饭锅，A商店卖100元，B商店卖60元，很多人会选择花10分钟的时间，从A商店到B商店去购买这个产品，来节省这40元。

同一款空调，C商店卖5300元，D商店卖5260元，同样10分钟的路程，而且可以省40元，但很多人仍然会在C商店购买。

那为什么呀？同样可以节约40元钱，但结果差距这么大呢？

那是因为100元的电饭锅，B商店可以卖到60元，等于打了6折，太便宜了。同一款空调，卖5000多元，才便宜了40元，不值得跑一趟。

同样的40元钱，因为商品总价大小，直接影响客户的态度，这就是比例偏见。

比例偏见是指，在很多场合，本来应该考虑数值本身的变化，但是人们更加倾向于考虑比例或者倍率的变化，也就是说人们对比例的感知，比对数值本身的感知更加敏感。

那么，我们怎么来利用消费心理学里面的这个比例偏见的逻辑，来销售产品呢？

同样的活动方案，同样的促销政策，你的销售话术不同，那么他最终产生的效果就会不同。宣传利用的就是人们比例偏见的心理。客户买的不是"便宜"，客户买的是认为"便宜"。

回到我们前面讲的那个活动方案，那么到底怎么设计，才会让客户感觉占到"便宜"呢？客户交1000元，打算送100元的电暖风，你可以试着把这个赠送100元的电暖风，换成另外一种说法。

你可以说，凡是订购产品满1000元，你只要加1块钱，你就可以得到这个价值100元的电暖风，这个逻辑看似跟前面没有太大本质的变化，但在消费者心中却把这个比例，翻天覆地的改变了。

在第一种情况，消费者会拿100元的电暖风和1000元的锅去对比。他觉得优惠的比率是10%。可是呢，在第二种情况用1块钱来换购，消费者会有一种用1元钱买到100元商品的倍率感，他会觉得特别的划算。

在生活之中，很多商家都是这样做活动的，购物满100元，加1元送×××；满200元加1元送×××；满500元加1元送×××；满1000元加1元送×××。这些商家其实就抓住了客户的消费心理。

具体的使用方法有三种：

第一，促销时，价格低的商品用打折的方式，可以让消费者感到更多的优惠感，而价格高的商品，可以用降价的方式让消费者感到优惠。

第二，用换购的方式，让消费者在心理上把注意力放在价钱变化比例很大的小商品上，这样会产生很划算的感觉。

提前设计好满500元加1元送×××礼品；满1000元加1元送×××礼品；满3000元加1元送×××礼品；在回访客户时，让客户在平时消费之外，也能享受到优惠政策，同时我们也能收到更多现金（卖给客户350元的产品，结果因为搞活动，收了500元现金，等于是卖货少，收钱多）。长期累积下来，门店的欠款就会减少。

第三，把廉价的配置品，搭配在一个非常贵的东西上面一起卖，那相对于单独卖这个廉价商品，会更容易让消费者感到价值感。

例如：兽药门店可以设计，定一件大肠杆菌药送一件鱼肝油或维生素，定一件维生素送一件工作服。

麦当劳的套餐组合，比单点便宜了将近40%，但可以增加销货量，从而可以拉低人工成本。虽然可乐和薯条不赚钱，但对于店面来讲，非常合算！

☞ 损失规避

得到的快乐其实并没有办法缓解失去的痛苦，心理学家把这种对损失更加敏感的底层心理状态叫作损失规避。甚至有科学家研究出来，这种损失所带来的负效用是同样收益所带来的正效用的2.5倍。

案例：

有一位老人家感觉小孩子天天来他门前打闹，非常影响这位老人的休息，所以想赶走来玩耍的小孩子们，但又没有合适的理由。

最后这位老人想了一个办法，他叫过来这些玩耍的孩子们，告诉他们，如果他们每天来这里玩耍，就会每个人给他们10元钱。

孩子玩耍了几天，老人果然按照约定，每人给了10元钱。但过了几天后，老人说我现在只能给你们5元钱了，孩子们虽然不高兴，但还可以接受。

又过了几天，老人说"我现在只能给你们1元钱了"孩子们非常不高兴，说"只给我们1元钱，太少了"。于是小孩子们再也不来他门前玩耍了。

那么在我们门店运营的过程中如何运用呢？

（1）代金券方式。

我们可以印一些产品代金券，然后在微信群里面宣布，谁帮我们拉养殖户，拉够10个人，奖励100元的代金券。那么一旦有养殖户，帮我们拉够10个养殖户，我们就兑现我们的承诺，给这个养殖户100元的代金券。

当养殖户拿到这个代金券时，上面规定，每满1000元，可以使用100元的代金券。

你说那不是10%的返还吗？价值是一样的，但养殖户的感觉是不一样的。

因为这个代金券是养殖户自己，通过劳动换来的，不用太可惜了，所以养殖户一定会用的。那么养殖户用代金券，就一定会买产品，正好达到我们的目的。

同样的方法，可以在群里面宣布，谁帮我们宣传某一个产品，积攒30个赞，则可以获得100元的代金券。然后根据养殖户发朋友圈的积攒截图，兑现承诺。

（2）限时限量销售。

可以在微信群里，定期做秒杀产品活动。原价60元／千克的阿莫西林，今天晚上30元／千克即可拿到。晚上8：00开始，8：30分结束，限量为20件，售完为止。

限时限量采购对养殖户就是要造成一定的紧迫感，错过时间段，活动结束；错过20件的限量，活动结束。一旦错过，就失去一次机会。中国有句古语"不患寡，只患不均"，所有人都有怕错过机会的恐惧，那么会有一部分人先下手为快，就达到预期效果。

"走过路过，不要错过""清仓大处理，最后一件""饥饿营销"等都是运用人的损失规避心理。人生最珍贵的就是得不到的东西，喜新厌旧是人的天性，一旦得到，不一定会珍惜；一旦失去会后悔。这就是人性，也是损失规避的核心。

价格锚点

价格锚点利用的就是人性中的对比心态，没有对比就没有伤害，只有对比才能知道自己在社会中的地位，和生存下来的概率。

有专家做过一个关于卷尾猴的实验：实验员训练猴子把石头当作货币，来和实验员交换食物，猴子把一块石头放在实验员手中，猴子就能得到一片黄瓜，一个石头换一片黄瓜，这个公不公平，听起来好像挺公平的，没啥问题，但是在猴子们发现自己换到的是黄瓜，而旁边的猴子换到的是葡萄的时候，矛盾就发生了。

在猴子的世界，葡萄比黄瓜好太多了。面对这种不公平的现象，得到黄瓜的猴子的表现是气疯了，它们不但停止交易，还把黄瓜扔到实验员的身上，可见，连猴子也不是孤立的评价事情的好坏，而是通过对比来评价的。

你走进一家五星级酒店，刚坐下来，就有服务员给你上了一份水果。你非常高兴，感觉五星级的酒店，服务就是好，这种消费者的优越感油然而生。你正在自我感觉良好时，又进来一个顾客，刚坐下来，服务员立马给他上了两份水果，这时你还会高兴吗？

估计你会立马不高兴，凭什么，大家都是来这里消费的，为什么给我一份水果，而给他两份水果，这种因对比而产生的被鄙视的感觉立马取代了刚来的优越感。这就是对比产生的效果。

社会比较是我们本能，是人性的一部分。通过实验可以看出，连动物也不例外。伦敦商学院的行为组织学教授托马斯·穆斯维勒就说："社交比较是我们用来认识自我最基本的方式之一。它并不是刻意进行的，只要我们在面对其他人的时候，就会自发进行。"

有研究人员分析了 2004 年雅典夏季奥运会柔道选手的面部表情，发现 93% 的金牌得主在领奖时都露出了笑容，70% 的铜牌得主也露出了笑容，但没有一位银牌得主露出笑容。研究人员就把这次研究结果起了个名字叫"银牌脸现象"。

为什么会这样呢？其实和我们普通人一样，运动员会把自己的成绩跟最相近的人做对比。对于银牌得主来说，他的比较对象就是拿了金牌的那个人，他会想：我那个时候要是再努力一点点，或者我没有出现失误，也许金牌就是我的了。这种上行比较会让他产生自卑和懊悔的情绪，当然就开心不起来了。

但对于铜牌得主，情况就不一样了，拿了铜牌的人大部分都会和第四名做比较，也就是下行比较。奥运会上只有前三名才有奖牌，第四名可是什么都没有的。这么一比较，虽然没拿到金牌，但总比什么奖牌也没拿到好吧。他当然很开心。

我们既然知道了比较是人的天性，那么我们在商业上该如何运用，让客户因为比较而产生购买行为呢？

如果你是一个兽药经销商，你给养殖户开的处方，治疗蛋鸡的呼吸道病，每只鸡 4 角钱。按我们平常的治疗价格是很正常的，但养殖户就是认为价格有点高，犹豫不决。虽然我们自己知道用这个方案，养殖户治愈率是非常高的，很想让养殖户接受这个方案，那么你需要怎么做，才能提高客户的选择概率呢？

可能有的人会觉得，这很简单啊，你讲清楚方案好在哪里不就完了吗？可是一个处方有多好，这个所谓的好值多少钱，你是很难从理性的角度去判断的。

从理性的角度来说，客户如果知道这个商品的合理的成本、合理的利润以及市场上同类商品的价格，也许才能做出一个理性的价格判断。

但是，对大量的商品来说，消费者是很难找到一个所谓的合理的价格，因为这个所谓的合理价格，它不是由成本来决定的，它是根据消费者对这个商品的价格感知来决定的。

那么如何设定消费者的价格感知呢？那就是需要给消费者提前找好一个参照物，有了参照物就有了标准，有了标准就可以和标准进行比较，有了比较，那么价格感知就容易判断出来了。

如果我们不给客户设计好一个锚点，那么客户就会自己去找，我们企业没有，他们就会和其他企业的同类产品进行比较，最终的受害者就是企业。

具体该怎么设计产品的价格锚点呢？

去网吧上网，付费方案有两种，一种是 5 元 / 小时，一种是 20 元 /12 小时。消费者一般会毫不犹豫地选择了 20 元 /12 小时的方案，付费后立刻发现，5 元 / 小时唯一存在的价值，就是让消费者觉得那 20 元非常划算，5 元 / 小时就是所谓的价格锚点。

价格锚点是在 1992 年的时候，有个叫托奥斯基的人提出的，他认为消费者在对产品价格并不确定的时候，会采取两种非常重要的原则，来判断这个产品的价格是否合适。

那么我们回到最开始的那个案例上，如何开方案，让养殖户更容易接受我们的方案呢？

给养殖户开方案时，告诉养殖户，正常治疗这种呼吸道疾病，需要 0.8 元 / 只鸡。先让养殖户对治疗这个疾病，有一个心理预知。然后我们开一个 0.4 元 / 只鸡的方案。

那么养殖户就会感觉，这个 0.4 元 / 只鸡的方案，非常便宜。这就是给养殖户选择是，给一个参照物，有了参照物，就很容易的选出结果。

那么价格锚点在生活中有哪几种情况呢？

第一，避免极端。就是在有 3 个或者更多选择的时候，很多人不会选择最低或者最高的版本，而更倾向于选择中间的那个商品。

肯德基的可乐杯子分为：大杯、中杯、小杯。现在让你选择哪一个？80% 以上的人，会选择中杯。你说："为什么呀？"因为人们在选择对比时，一般都不喜欢走极端，要么最大，要么最小，都不是他们希望的，所以选用中杯的人更多。

后来肯德基为了想多卖大杯，那怎么办呢？你说："那不简单吗？给客户讲清楚，大杯的好处，不就完了吗？"肯德基的做法是，没有向客户说服说大杯的好处，而是直接更换为：特大杯、大杯、中杯。把大杯放在三个选项的最中间，那么根据人性的习惯，80% 的人会选择中间选项，那就是选择大杯，最后大杯的销量就增加了。

第二，权衡对比。当消费者无从判断价值是高还是低的时候，他会去选择一些他认为同类的商品去做对比，让自己有一个可衡量的标准。

超市一般是怎么用的呢？

超市里鸡蛋价格平均是 3.5 元 / 斤，有一个超市，就打出鸡蛋 2.5 元 / 斤，而且限时限购销售。每天早上 8:00 开始出售，每天就卖 200 斤，每人每天最多 3 斤。就这一个举动，引起大量市民排队买鸡蛋。那么在这些人眼里认为这个超市里，所有产品都比别的超市便宜。

结果是，这些排了 2 个小时队的市民，只买了 3 斤鸡蛋，感觉不划算，那么他们又进超市买了一些其他产品。

那么对于我们兽药销售该怎么使用呢？

阿莫西林就别再卖 100 元/千克，改为 40 元/千克吧。你说："那样我们就没有利润了呀？"虽然我们在阿莫西林上没有了利润，但让所有养殖户感觉，我们门店的所有产品都便宜。这就为我们吸引大量客户进门，做好了铺垫工作。

消费者其实并不真的是为商品的成本付费，他是为商品的价值感而付费。价格锚点的逻辑，就是让消费者有一个可对比的价格感知。

三、人性之贪婪心态

> 基因是自私的,基因的行事准则主要遵循"基因对生存和繁殖的需求"。在商业中,这种行事准则会被无限地放大,最终表现出人性的贪婪。

☞ 确定、反射效应

我们知道了人性的偏好,那么如何在商业中运用人性的偏好进行营销呢?通过营销,可以让客户按照我们设定好的方案进行选择呢?

有个经销商朋友,准备做一次促销。现在有两个促销方案。

第一,某个产品,买一送一,用确定性的收益来吸引客户。

第二,针对这个产品,购买一件,即送一张刮刮卡,有十分之一的概率获得大奖。

同样的预算,不知道买一送一,还是抽取大奖,哪一种方案会更受用户欢迎?

这个问题的本质,就是面对确定的小收益(买一送一),和不确定的大收益(抽取大奖),用户到底会更偏好那种选择?这个问题的答案是,客户更偏好于"确定效应"。

为什么是确定效应呢?我们常说的"二鸟在林,不如一鸟在手",说的就是这种确定效应心理;再比如麻将里的一句俗语,"平胡胜自摸",意思是别等什么"自摸"了,能赢钱就胡吧,也是这个心理;再比如投资中的"见好就收""落袋为安",等等,说的也是这个心理。

那么客户为什么会选择确定效应呢?

在"买一送一"确定的小收益,和"抽取大奖"不确定的大收益之间,70%的用户,都更喜欢确定的小收益。所以,做个看上去不那么刺激、不那么性感的"买一送一"吧。客户会更喜欢这个营销方案。

还有一个开饭店的朋友,他想搞一个活动,增加客户的流量。设计了两个方案:在客户吃完饭结账的时候,是给每个吃饭的人送一瓶水好呢?还是给他们一次抽奖打折活动好呢?

那就选择给他们抽奖打折吧。因为人们面对小的收益时,更喜欢偏好冒险。每人送一瓶水,这个收益太小,还不如抽奖呢。万一抽中一个5折,或者免单,那就可"赚大发"了。所以客户更愿意选择风险偏好。

兽药企业该如何玩转确定和反射效应呢?

在养殖户平时的买产品的过程中,可以规定单笔金额满500元,可以参加一次抽奖机会,1000元参加两次,依此类推。

抽奖的奖券可以设定为电子抽奖和线下抽奖两种,线上电子抽奖时可以设定中奖比例的。线下抽奖可以在一面墙上,沾满红包,每个红包内可以放现金,也可以放购物券。

购物券可以放大一点的,100元、200元都可以。购物券的使用是满1000元可以使用100元购物券,满2000元可以用200元购物券,依此类推。

线上抽奖和线下一样,都可以使用购物券。

过节或者店庆时,给客户的是确定性的买多少产品,赠送多少产品或相应的电器。

另外养殖户对购货的金额非常敏感,1000元以内,养殖户对赠货不是特别喜欢,更喜欢参与抽奖活动。3000元以内,养殖户一般还可以接受,也喜欢参与抽奖。一旦超过3000元,经销商想让客户参与,给养殖户沟通的内容比较多,承诺的东西也比较多。

一旦超过5000元的活动,只有经销商的忠实客户会参加,新客户很少有参加的。活动超过1万元以上,养殖户需要的是确定性的收益,不要再搞什么抽奖,直接给相应的礼品或赠品。

☞ 迷恋小概率事件

在我们生活之中1元钱并不是很重要,多获得1元钱,也不会是自己多么兴奋。但在微信红包里,只要抢红包的额度在1元钱以上,都是不会不激动的。抢红包如果超过5元钱,那一定是巨款了,自己的"小心肝"就会受不了。

为什么会出现这种现象呢?同样金额的钱,在不同的场景里,起到的作用不一样呢?那是因为现实生活中获得1元钱是确定的,抢红包得来的1元钱是自己用小概率挣来的。

人们会把自己的运气当作自己的能力看待,而运气的得来的东西,符合人不劳而获的自私心理,所以人们更迷恋小概率事件。

记者正在采访一个刚刚买体育彩票中奖的人,这个中奖的人手舞足蹈的向记者在传授"经验",自己盯了这组数字已经两年多了,每一期都买这组数字。在自己"精诚所至金石为开"的精神下,这一期终于中奖了。

记者听到这里时，就更加迷茫了：有的中奖者是长期跟踪一组数字最后中奖；有的根据自己或家人的生日组合中奖的；有的根据以为中奖数字的概率"计算"所得……

最终的结果是，没有一个人的中奖方法是相似的，等于是没有规律遵循。唯一可以确定的一点是：所有中奖的人，都把中奖的运气，归纳为自己的能力。

关于买彩票的行为，与"确定效应"之间的矛盾，很多人都做了研究。他们发现，在涉及"小概率事件"时，在合适的情况下（比如成本很低，只有2元钱），人们居然会从"确性效应"导致的厌恶风险者，反转为偏好风险者，非常乐意赌一把。

为什么会这样？这就是"侥幸"心理所致："反正损失不大，可万一真的中奖了呢？"确定效应，反射效应，迷恋小概率事件，这三种心理，交织着左右了人类面临"得失"时的复杂心理活动。

我们看到很多顾客在犹豫时，就是这三种心理在进行"商讨"的结果。权衡中间的利弊，最后做出选择。

三种心理有什么特点呢。

（1）在损失的时候，因为"反射效应"，人们会偏好风险，愿意赌一把，以求挽回自己的损失。

（2）在收益的时候，因为"确定效应"，人们会厌恶风险，选择见好就收，确保既得利益不受损失。

（3）如果收益实在太小，不入人们的"法眼"，人们又会"迷恋小概率事件"，心态会从厌恶风险，反转为偏好风险，宁愿搏一把大奖。

在营销中我们如何利用顾客的迷恋小概率事件的心理呢？

案例一："掷色子免单"的活动。

吃完饭，你给一人送一瓶可乐？或者打个95折？顾客可能一点感觉都没有。别送了，试着改个方式：所有顾客吃完饭，都可以充满仪式感地掷一次色子："掷出三个六的话，这顿饭免单"。

"掷出三个六，这顿饭免单"——很有诱惑力。那掷出三个六的概率是多少呢？是 $1/6 \times 1/6 \times 1/6 = 1/216$。$1/216$，算成打折的话，相当于995折，也就是千分之五。

但是，因为"迷恋小概率事件"的心理，客户会摩拳擦掌：试试，试试，梦想还是要有的，万一实现了呢？就是这种"迷恋小概率事件"的心理，导致商家优惠1元钱，顾客会有优惠了3元、5元，甚至10元钱一样的获得感。

案例二："老"带"新"活动。

企业想让老会员给自己介绍新会员，给老会员提成吗？还是给老会员礼品呢？两种方法都用过了，但效果都不是特别明显，宣传了很长时间，老会员就是不愿意给公司介绍新会员。

你不妨试一下，老会员介绍新会员入会，给他一次抽奖机会，只要不设计空奖就行。老会员介绍新会员的现象立马增加。为什么呢？因为老会员给公司介绍新会员，如果给提成，那么这个事情给新会员说不说？

如果说了，那新会员肯定会说老会员，你给我介绍这个公司，就是为了挣提成呀。如果不说，那新会员一旦知道这件事情，肯定会说老会员，你给我介绍公司，挣了提成，还不给我说，太不够朋友了。所以老会员有这方面的顾虑，没有人愿意给企业介绍客户。

但公司给的是抽奖机会，抽奖挣的礼品，是老会员自己的运气挣的。中奖得到的礼品和介绍新会员没有任何关系，所以老会员拿礼品是理直气壮。

企业让老员工介绍新员工，用的也是这种方法和原理。

案例三："PK"机制。

为了激励电销人员每天的开单数量，可以设计"PK"机制：每天开单数量最多的10个人，都可以到抽奖区，抽一个红包。红包内放的是现金，从10元到500元不等；有可能放的是家用电器，从几十元到几千元不等；有可能放的是旅游券，有省内游，也有省外游，更有出国游；有的是奖励家庭的；有的是奖励父母的。

目的只要一个，员工关注什么，就奖励什么，目的就是激发员工的积极性。

这样员工"PK"的是抽奖机会，而不是明确的奖项。奖品里面有大有小，既可以降低公司的投入，又可以最大限度地刺激员工的积极性。

案例四：二次中奖的机会。

说完了员工，我们说一下如何激励客户。针对客户的营销方案里，如果有抽奖环节，可以加一个二次中奖的机会。

什么意思呢？当客户要进行抽奖时，我们在奖券包里，再放上一些体彩或福利彩票。如果客户现场没有抽到大奖时，客户的情绪是比较低落的，这时，我们有二次中奖的机会——晚上或最近几天，有体彩或福彩开奖。

缓冲客户现场没有中奖的尴尬感。有人就说了，给的这些彩票，不还是中不了奖吗？彩票中不了奖，已经是客户离开抽奖现场了，即使没有再次中奖，但没有尴尬感了。

案例五：线上活动。

客户买产品时，办完交钱手续后，可以搞一个线上抽奖活动，从1折到9.9折，来一个大抽奖。客户抽到几折，就个客户打几折。线上抽奖活动的后台是可以设定的，按概率设定。

客户会把买产品这个主要任务会忘掉，而把精力转向能够中大奖。没有一个人认为自己的运气最差，都会认为自己就是那个中大奖的那个人，所以可以转移视线，提高客户购买产品的乐趣，把花钱的痛苦，转化为游戏的快乐，从而提高客户的回购率。

☞现状偏见

现状偏见，就是一种即使改变现有状况，对自己更有利，但人们也不愿改变的心理。

著名的马克杯实验，实验人员把马克杯作为商品在学生之中随机分配，然后让学生自由交易，结果发现成功完成交易的没有几个，因为马克杯买家和卖家对于马克杯的估价差得特别多。卖家估价中位数为 5.25 美元，但买家的估价中位数只有 2.25 美元。

因为拿到杯子的人，对杯子的估价更高。而没有拿到杯子的人，对杯子的估价较低，所以最终因为差价太悬殊而造成交易无法进行。

1984 年，肯尼斯基做了一个实验。他给学生随机发放杯子或糖果。过了一会儿，他告诉学生，你们可以选择把手中的东西，换成另一种他们更喜欢的。这些物品是随意发放的，也没有替换成本。但是，学生中 90% 的人都选择不换。

这个实验很有趣。因为随机发放，你不能说拿杯子的人正好喜欢杯子，拿糖果的人正好喜欢糖果。有这种情况，但高达 90% 的人都不换，只能说明：大家都不想改变现状。如果真想改变现状，就必须付出额外的代价。

每一个企业老板，谈到自己的产品研发，都是信心满满，认为自己的产品是世界上最好的产品，卖多少钱都不算贵，但市场往往不会根据企业老板的偏好而定价。

案例一：在兽药门店经营的过程中，经常会出现养殖户欠款现象的出现。欠款分为四种。

（1）正常的欠款。养殖户这两天手头比较紧张，过几天就是主动给我们了，这种欠款成为正常的欠款，我们不用在这上面花太多功夫。

（2）欠款时间长的。有的欠款超过 1 年以上，有的甚至时间更长，长达几年时间都还没有给。

（3）欠款额度高的。欠款一般在 1 万元以内，随时要随时都可以还，一旦欠款超过 2 万元以上，想一次收回来，是相当的难的。

（4）有异议的欠款。在给养殖户看病的过程中，药也用了，货款没有给，但用过药后，效果不是太明显，养殖户有意见，出现不想把钱还了的情况。

针对这四种欠款，其中欠款时间长的和欠款额度高的，这两种情况最容易形成现状偏见。欠款时间只要超过1年以上，养殖户就会认为，这欠款是他的盈利，而不是你的货款。

因为已经太长时间，都习惯不还你的欠款了。

银行其实也会经常遇到这种情况，客户把银行的钱当作自己的，时间长不还，就会有坏死账出现。银行遇到的问题就是我们经常使用的信用卡。

银行给我们批的信用卡，不论是5万元的额度，还是10万元的额度。一旦我们开始使用，就会起到现状偏见，都会认为这钱就是自己的。银行是如何破除现状偏见的呢？

就是你用钱可以，但每月要定期的还钱，还完之后你还可以再用。就是为了提醒你，"这些钱不是你的，是银行借给你的，你是要付利息的。"就这一个动作，就打破了人性的现状偏见。

那么对于兽药经销商的外欠款怎么收回呢？

当我们给养殖户有欠款时，可以让他打个欠条，然后告诉他，"如果到期不能按时还，按月付息，或者分期还款"。这就是不断提醒他：这钱不是你的，防止形成"现状偏见"，欠债不还的概率就降低了。

案例二：移动公司经常会做一项业务，就是会先给你开通2～3个月的某项免费业务。如果您用着比较顺，2个月之后就开始收费了；如果您感觉用不上，那么您可以在第三个月，打客服电话，取消这项业务。

大部分情况下，一旦你开始使用这项业务后，那么2个月之后，主动打电话取消的人非常少。第一费用非常少，符合零钱账户；第二主动打电话，人费劲，没有人愿意做费劲的事情。所以这种营销方法，对移动公司来讲还是相当可观的。

案例三：天眼查、企查查这两个互联网企业，在2017年最开始的时候，都是免费的。当时使用这个软件特别方便，想了解哪个企业的组织架构，股东信息，企业内部信息等情况，非常方便。而且是免费，当时就感觉，这个企业太好了，即好用，又免费。

从2018年开始，企业开始收会员费用了，不是会员可以查看的很多内容都有限制。已经用习惯了，那就注册会员吧。

互联网企业使用的二段收费都是使用的这种营销手段。刚开始时都是免费的，等你开始用习惯以后，那么以后使用必须付费。

案例四：滴滴打车在刚进入市场时，同样面临着所有市民都已经习惯了在路边拦出租车的现状偏见。市民没有在手机上直接叫车的习惯，往往把手机上叫车的这种不习惯称为："在手机上叫车不安全""在手机上叫车不方便"等理由，实际上就是现状偏见在作怪，已经习惯了在路边拦车，不愿意再接受新的打车方式。

为了排除市民的这种打车的现状偏见，滴滴打车可谓是下了"血本"：对打车的人进行补贴，对开车的人也进行补贴。整整补贴了几个月时间，终于扭转了人们打车的现状偏见。

当滴滴打车不再补贴时，很多人都在断言，滴滴只要是不补贴，人们立马还会回到路边拦车的时代。事实证明，已经习惯了手机叫车的现状偏见，很多人留在的滴滴打车平台。这是一个非常成功的破除现状偏见的案例，现在有越来越多的人，更适应现在滴滴打车的现状偏见了！

☞ 合算偏见

合算偏见是客户在购买产品时，会对产品购买的价格及赠品等进行综合计算评估，找到一个对自己更有利购买条件。总的来说是人们对"占便宜"的偏好。

河南一位经销商朋友，设计了一个消费换积分的活动。消费1元换1分，集够20000分，就能获赠价值2000元的32寸智能电视一台。但活动推出后，顾客积极性并不高：我现在是0分，离20000分那么遥远，你还是给我打折吧。

想用积分活动刺激消费，客户不买账，怎么办？

我们首先要理解这个问题的本质。这个问题的本质是，客户没觉得这个积分活动，让他占到便宜，或者说这个"便宜"太遥远。你未必真的便宜，但你至少让我"感觉便宜"吧？在交易中，人们对感觉上"占便宜"的心理偏好，就叫作"合算偏见"。

有一位老教授，曾帮一家咖啡馆设计过一个积分活动：每消费一杯咖啡，就在积分卡上盖个章，盖满一定数量的章，送一杯咖啡。

这活动看上去很简单，但教授为了做实验，他们做了两种积分卡。一种上面有十个空格，一种上面有十二个，随机发给顾客。但如果发的是十二个空格的版本，店员会在其中两个空格里先盖上章，再给顾客。

你可能会想，这不是一回事嘛，不都是剩十个空格，不都是"买十送一"嘛？

一个月后，这两种积分卡基本都盖满收回了。虽然本质都是"买十送一"，但十个空格版本的积分卡，平均花了15天盖满；而盖了两个章的十二个空格版本的积分卡，则平均只花了10天就盖满了。

这太有意思了。为什么会这样？

因为"买十送一"的积分卡，是从0/10开始积分，而"买十二送一"的积分卡，因为已经盖了两个章，是从2/12，也就是17%开始积分的。虽然都还差十个章，但第二种情况顾客"感觉"占了17%的便宜，因此积极性大增。

一句话总结：人们交易时，不仅要买商品，也要买商品时占到便宜的感觉。这种"多获得"，或者"少付出"的占便宜心理，就是"合算偏见"。

那么回到我们最开始的案例中，那么经销商朋友具体该怎么设计积分活动呢？可以设计为：集够25000分，送一台电视。我们可以针对客户情况，找各种理由，先给养殖户送5000分积分，充到卡里面。然后再把卡给养殖户，让养殖户感觉，积分是从5000分开始的，感觉占到"便宜"，从而提高他们对积分的积极性。

案例一：兽药门店之前办的有会员卡服务，随着市场发展，想给会员费涨价，但又怕用户会嫌贵，怎么办？可以试着用梯度的方式，逐级涨价。

比如宣布：每新增100个会员，会员费涨100元，直到总会员数到达500人。这样，用户买到的不仅仅是会员服务，还有早买比晚买合算，越早越合算的感觉。虽然这种感觉，并不能对会员服务的内容和品质有丝毫改变，但用户就是觉得"少付出"了，占到了便宜。这就是"合算偏见"。

案例二：说是有个商店，挂了一件裘皮大衣，价格是388元。结果，卖了几个月都没卖出去。后来来了个新伙计，他跟老板说，我今天一上午就能把它卖出去。

于是他就和老板耳语，如此这般，如此这般！过了一会儿真有个顾客来了看上了这件裘皮大衣，就问伙计"多少钱啊"，这个伙计就冲着老板问道"老板这个衣服多少钱啊"。

老板低沉着嗓子说："1388"。于是小伙计假装听错了，就对顾客说"388"。但是顾客没听错啊，顾客明明听的是1388。于是顾客就以为这个小伙计听错价格了，赶紧掏钱买了就跑，头都没回，就跑走了。

案例三：有一位农村小伙去城市卖西瓜，0.3元/斤，结果每次算账时，都会算成0.3元×8斤=2.3元。这个消息很快就传遍里周边，很快一车西瓜就卖完了。

案例四："傻子瓜子"在卖瓜子时，每次都先往称上放一半左右的量，然后一点一点的添加，即使稍微加多了，也不再去掉。很多客户说傻子瓜子比较公道，所以招揽很多生意。

案例五：我们在针对会员客户规定，会员生日购买产品，双倍积分，同时可以享受9.5折扣。

会员生日当天可以享受双重折扣，即9.5折×9.5折。第一个9.5折是因为你是会员，第二个9.5折是因为今天是你的生日。

平时做促销活动时，会员客户可以在享受正常政策的情况下，额外再多得一份礼品，让会员感觉特别划算，利用的就是合算偏见。

☞庞氏骗局

"庞氏骗局"源自一个名叫查尔斯·庞兹的人，他是一个意大利人，1903年移民到美国。在美国干过各种工作，包括油漆工，一心想发大财。他曾因伪造罪在加拿大坐过牢，在美国亚特兰大因走私人口而蹲过监狱。

经过美国式发财梦十几年的熏陶，庞兹发现最快速赚钱的方法就是金融，于是，从1919年起，庞兹隐瞒了自己的历史来到了波士顿，设计了一个投资计划，然后向美国大众兜售。

这个投资计划说起来很简单，就是投资一种东西，然后获得高额回报。但是，庞兹故意把这个计划弄得非常复杂，让普通人根本搞不清楚。

1919年，第一次世界大战刚刚结束，世界经济体系一片混乱，庞兹便利用了这种混乱。他宣称，购买欧洲的某种邮政票据，再卖给美国，便可以赚钱。

国家之间由于政策、汇率等因素，很多经济行为，普通人一般确实不容易搞清楚。其实，只要懂一点金融知识的人都会指出，这种方式根本不可能赚钱。

然而，庞兹一方面在金融方面故弄玄虚，另一方面则设置了巨大的诱饵，他宣称，所有的投资，在90天之内都可以获得40%的回报。

而且，他还给人们"眼见为实"的证据：最初的一批"投资者"的确在规定时间内拿到了庞兹所承诺的回报。于是，后面的"投资者"大量跟进。

在一年左右的时间里，差不多有4万名波士顿市民，变成庞兹赚钱计划的投资者，而且大部分是怀抱发财梦想的穷人，庞兹共收到约1500万美元的小额投资，平均每人"投资"几百美元。

当时的庞兹被一些"投资"人称为与哥伦布、马可尼（无线电发明者之一）齐名的最伟大的三个意大利人之一，因为他像哥伦布发现新大陆一样"发现了新的盈利模式"。

庞兹住上了有20个房间的别墅，买了100多套昂贵的西装，并配上专门的皮鞋，拥有数十根镶金的拐杖，还给他的妻子购买了无数昂贵的首饰，连他的烟斗都镶嵌着钻石。当某个金融专家揭露庞兹的投资骗术时，庞兹还在报纸上发表文章反驳金融专家，说金融专家什么都不懂。

1920年8月，庞兹破产了。他所收到的钱，按照他的许诺，可以购买几亿张欧洲邮政票据，事实上，他只买过两张。庞兹被判处5年刑期。1949年，庞兹在巴西的一个慈善堂去世。死去的庞兹为人类留下了"庞氏骗局"这个词语。

"庞氏骗局"，是指那些通过金字塔式扩张，用后人者的本金，伪装成先入者的收益，不断滚雪球的一种骗局，俗称"拆东墙，补西墙"。

它也被称为"万骗之祖"，因为它的最厉害之处，是能把每一个参与者变成合谋者，而且对谁"阻碍"他发财的人，十分痛恨，成为十足的骗子帮凶。

案例一：泡沫经济现象。

1985年9月，美、日、英、法、德五国的财政部长，在纽约的广场饭店，签订了"广场协议"，同意美元贬值。同时，日本央行采取了宽松的货币政策刺激经济，所以大量资金流入房市，导致房地产价格暴涨。

房价越涨，越有人买，越有人买，就会越涨，到1989年的时候，日本房地产的价格已疯狂到了荒唐的地步。

当时，国土面积仅仅相当于美国加州的日本，其地价总额，已经相当于整个美国的4倍。1990年，仅东京一地的地价就相当于美国全国的总价。一般日本人，花费毕生储蓄，也无法买下一套住宅了。

上涨的房价，如同膨胀的泡沫，终有它破裂的那一天。1991年，这一天到来了，泡沫破灭了。房地产价格随即暴跌，日本房地产业全面崩溃，个人纷纷破产，企业纷纷倒闭，遗留下来高达6000亿美元的坏账。

这次泡沫，还引发了日本历史上最为漫长的经济衰退，人们常称这次房地产泡沫是"二战后日本的又一次战败"，把20世纪90年代，视为日本"失去的十年"。

这么可怕的泡沫经济，就没人看到吗？就没有预警机制吗？谁应该为此负责？

其实，身处泡沫经济中的人，是看不到泡沫的。因为这个所谓的"泡沫"，就是所有人的"共同想象"。所有人的脱离现实的"信心"，彼此激励，合谋，创造了"泡沫经济"。

泡沫经济和庞氏骗局的相似处是，大家都相信还会涨，而且每次都猜对了，所以前人者都希望继续上涨。其核心就是"人性的贪婪，不劳而获"的基因在起作用。不同之处是，庞氏骗局是有人组织，泡沫经济是大家自发的。

庞式骗局听上去，如此显而易见。很多人觉得，我再傻也不会被这种东西骗吧？我再坏也不会拿这种东西骗钱吧？事实上，刚开始所有人都是这样想的。最可怕的是，每次我们和朋友的打赌，都是以朋友赢而结束。

看着朋友大把大把地赚钱，能顶住这方面诱惑的人少之又少。都是在不信中，慢慢变为可以尝试一下，最后变成了参与者。

案例二：华尔街骗局

麦道夫是美国华尔街的传奇人物，是和巴菲特齐名的投资家。他的投资公司在华尔街非常有名，能成为麦道夫的客户，都成了一种身份象征。他的客户有各种商业精英、政界要员、演艺明星等等。麦道夫向这些客户承诺每年8%～12%的投资收益，而事实上，在长达20年里，不论市场好坏，他确实能给客户带来每年10%左右的回报。

那他真的是骗子吗？最开始，他也许并没想成为骗子。他只是个自信的投资者。

8%～12%，如果连这个收益率也做不到，那我还有什么脸混投资圈啊！又不是20%、30%！他自信地向投资人承诺了保底收益。以他以前的投资业绩看，他有这个信心。

1987年，麦道夫在美国股市大崩盘时，提前买入看跌期权，赚得盆满钵满；1989年，麦道夫已经控制了纽交所5%的交投量，被《金融世界》杂志评为华尔街收入最高的人之一。

但是，市场波动，不受任何人控制。有涨就有跌，有赚就有赔。在某一年，无论麦道夫如何努力，回报率都无法达到他承诺的8%。怎么办？

向所有人承认，我不是神，我也有失败的时候，宣布赔钱？那怎么行。这一刻，非常关键。麦道夫做了个决定，依然派发10%以上的投资收益。万一明年能赚30%呢？这个窟窿不就补上了吗？

可明明亏了啊，拿什么钱派发收益呢？唯一的办法，就是拿投资人的本金。明年就补回来，明年就补回来。

从这一秒开始，麦道夫就从投资大鳄，变成了投机骗子。

当外界问麦道夫，是什么让你能跨越牛熊市，始终获得稳定收益的呢？他始终说：这是秘密。确实，这是秘密，我用本金付利息的事情，怎么能告诉你。

一旦走上用本金支付利息的道路后，麦道夫就一发不可收拾了。为了弥补之前的漏洞，他更加疯狂地向上流社会融资。后来麦道夫说，在长达10年的时间里，他几乎就没做过什么投资，主要的工作，就是不断融资。

但是，和庞氏骗局之父庞奇不同，麦道夫自己并不怎么花钱，还很乐善好施。最开始，他可能雄心勃勃想创立一个伟大的公司；然后可能一心只想填上以前的漏洞；最后疲于奔命，只想让这个黑洞不被发现。

直到2008年美国金融危机，大批投资人要求赎回本金，麦道夫知道扛不住了，告诉了他两个儿子自己"拆东墙、补西墙"的游戏。他的两个儿子，当晚就告发了他。最后，麦道夫因为用"庞氏骗局"诈骗650亿美元，被判入狱150年。他的一个儿子也在两年后，自杀身亡。

巴菲特曾经说过：如果游戏开始二十分钟，你还不知道这个游戏在捉弄谁，那你肯定就是那个被捉弄的傻子。也就是说，一个人很赚钱，你始终不知道他是怎么赚钱的，很可能,他就是想赚你钱。

在商业的运营过程中,一定要保持一颗初心,牢记自己最初的梦想,千万不能为了追逐利益,改变初衷,最终陷入无法自拔的深渊。只要自己保持一颗正能量的心,绝无贪念,正正经经的做生意,那么一切陷阱都会远离我们。

中国有句古话:"无欲则刚",守住自己的底线,那么永远是打不败的。

 # 引流篇

商业的核心点就是要找到更多的客户。

兽药行业的销售特点,主要介绍了两种引流方法,一个是微信(线上引流)运营,一个是会议营销(线下引流)。微信营销可以解决客源问题,可以达到有效的引流工作。

微信运营的三大步骤是:引流、互动、成交。

四、微信营销

☞ 微信营销之引流

支撑起一个销售企业或商铺及服务行业,需要有以下几个点:产品(服务)、团队、营销模式。所谓的营销模式,就是你获得客户的手段或途径,通过什么样的模式,让更多客户进门。

在2010年以前,做生意靠的是找一个好地段,即我们常说的"黄金旺铺"。旺铺指的就是好的地段和多的人流量。

在互联网到来的今天,黄金旺铺的地段已经不是人们追求的目标,流量成为人们追逐的对象。

对于互联网的今天,引流的途径有很多,不是哪一种引流方法最好,而是哪一种引流方法最适合这个行业。常见的引流途径有电视广告、移动广告、视频广告、抖音、快手、微信等。目前最火的就是抖音和快手,这种传播形式符合了娱乐大众的目的,满足人们的好奇心和娱乐效益。但他也有自己的弱势,就是不能脱离"新""奇"两个字,一定脱离了这两个字,那么立马会被粉丝放弃。

选择一种引流方式,主要是看它适合不适合作为企业引流的途径。任何一个企业都关注引流,但更关注的是转化率。很多流量属于伪流量,是不能够转化的流量。这些流量不但不能增加企业的销量,反而是企业的一种负担。

针对社会上的这么多引流工具,我们今天只沟通一下微信的引流方式及应用。

我们还是以兽药门店为案例,讲一下兽药门店如果用微信引流,该最好哪些工作?具体该如何运用?

兽药门店生意的基本逻辑,就是如何用最低的流量成本,来获取客户,流量成本越低,生意就越好。这套商业逻辑如果放在5年前来讲,根本就没有市场,也根本讲不通,为什么呢?因为对于在我们兽药门店来讲,一个"夫妻店"只要维护150~200个养殖户,守着2~3个乡镇已经足够一个兽药门店生存了。

但现在不行了,互联网的到来,加上"村村通"的普及和物流快递的网络下沉,原来的那种信息不对称时代的生意,挣高差价的利润,肯定是没有市场了。

互联网的到来,翻开了兽药经销商手中价格差价的"底牌",这张"底牌"的翻开就意味着，商家所谓的信息不对称时代的结束，接下来兽药行业将进入信息透明化竞争时代。

这个时代有什么特点呢？每个人的个人信息将会越来越透明，我们买票的实名制，住店的实名制，手机号实名制，网购有信息记录，发货有物流记录，微信需要绑定银行卡，等等。信号已经告诉我们：未来我们的生活，就是在一个透明化的环境里生存。那么抗生素价格的透明只是一个开始，抗生素高差价的历史将会一去不复返，未来将会走入"价量之称"量的一端。

未来兽药门店运营，靠的不再是高利润，而是高销量，也就是我们通常讲的"薄利多销"，薄利多销的前提是需要有更多的客户。

我们想要生意越来越好，那只有一个途径，就是把我们的客户数量再增加3~5倍，也就意味着我们兽药门店的养殖户数量，由原来的150~200个养殖户，需要发展到500~1000个养殖户。

乍一听这个数字，很多经销商朋友的第一反应，就是那不太可能："一个兽药门店怎么可能会有那么多客户呢？就是有也不可能维护的过来"。这如果是"狩猎时代"的经营模式，我们是没有希望的，但现在有互联网工具后，那么我们每个兽药门店维护这么多客户将会变成现实，也将会进出入常态化。

那么具体该怎么做呢？

1. 建立自己兽药门店的微信群

对于每一位经销商朋友，都有100多个自己养殖户的微信，那么我们在建立自己的微信群，第一步要做的就是把自己的好友拉进来40~100个，这是我们微信群的种子客户。

接下来需要做的工作是要和老客户进行沟通，发动老客户拉人。

往微信群里拉人，最快的方法就是发动群众，让群里的所有人员帮我们拉人。人拉人的速度是最快的，24小时内，可以把整个县城所有的养殖户都可以拉到群里。

有很多经销商朋友说，养殖户不愿意拉人，怎么办？

要解决养殖拉人的问题，就要解决两个问题。

（1）拉人给的筹码够不够。

（2）群里的养殖户信不信拉人政策是否真实。

"拉人给的筹码够不够"：有人说养殖户不愿意拉人，那是因为我们给的筹码不够。如果你在微信群里说"谁拉一个养殖户，给1000元现金"！100%的有人拉，而且大家会排队给你拉人。但是面临的一个问题就是，养殖户愿意拉人了，我们却负担不起（我们一天还挣不了那么多钱呢，怎么可能给养殖户那么多呢？）。我们只需要在养殖户也愿意参与，而且我们也能够负担的起之间找到一个平衡点，那么就解决了养殖户拉人筹码的问题。

在解决这些问题时，如果用现金，经销商的负担成本太高，但经销商手中有产品，他们手中的产品，在养殖户那里和现金是等价的。在经销商手中的产品肯定和现金不等价，我们中间会减去差价。既然养殖户认为产品和现金是等价的，那么我们就可以用产品来给养殖户发报酬。

什么样子的产品可以当作报酬呢？养殖户刚需的产品，每个养殖户都能用得上；还有就是一些临期的产品，都可以拿出来变成资源。产品有两个功能：一个是变成现金，就是把产品卖出去；另一个是变成资源，什么资源呢？就是养殖户信息资源，建立和客户的客情关系的资源。

如果说我们的筹码也给足了，但是养殖户还没有行动，那只有一个原因，就是养殖户不相信我们拉几个人，就会给这么多礼品，认为我们是骗人的。

秦朝时期，商鞅和国君商量，要在秦国变法。但面临的一个问题是，所有的国人都不相信呀。为了建立国家的公信力，商鞅做了第一件事是：在城南门立了一根木杆，然后贴告示，"谁要是把这根木杆从南门扛到北门，则赏10金币"。

众人看了看，只有议论的但没有行动。将近中午，商鞅又宣布"将赏金提升到50枚金币。"还是没有人行动。第二天商鞅又宣布将赏金提升到100枚金币。

这时有个年轻人就抱着试一试的态度，就把这根木杆从南门扛到了北门。结果这个年轻人果然获得了100金币。这个事情，就像风一样，在一天时间，传遍了整个都城及周边的县城。

在这时，商鞅才站出来说："以后国家宣布的任何一条政令，都像今天这个事情一样的，言出必行。"以此为始，商鞅慢慢地建立起国家的公信力。

要解决我们在微信群内的公信力，也要做几件让群内成员信任的事情：①要有明确的文字，宣布活动政策，拉几个人送什么样的礼品，清晰明了，一视同仁；②要对开始行动的养殖户，给予"功劳簿"登记工作，并把登记结果，第一时间以照片的形式，发到群里面；③针对建群过程中，已经达到送礼品标准的客户，我们第一时间，开车把礼品送到养殖户家。同时要拍照片，拍视频"感谢王老板参与我们这次拉人送礼品的活动，王老板本次一共拉了几个人，获得的是什么礼品。今天把礼品给王老板送过来了，非常感谢王老板的支持，也希望群里面其他朋友抓紧时间了。"15秒时间拍完，把视频发群里。

只要完成这两个条件，那么在最短时间内把整个县城，包括县城周边的养殖户全部拉进微信群，基本上没有任何问题。这样就达到了扩大和养殖户接触的机会，达到了引流工作的第一步。

2. 养殖户进群后，需要做的第二步工作就是把他们都加为好友

如果在其他人的微信群内，加养殖户时，会受到很多条件限制。那么一旦自己建立了自己的微信群，那么在自己的微信群内加入的效果会非常好。

当下微信群对每天添加好友，是有一定限制的，每天最多可以添加 12 个，超过 12 个以后，对方接收不到添加好友的邀请信息。

在自己的微信群内，最好的方法是让养殖户主动加我们。方法很简单，第一要在群内多活动，让所有的养殖户都知道谁是群主；第二可以在群内宣布，"我叫什么名字，我是本群的群主，加群主有惊喜。"

这时肯定有人会添加我们，一旦有人添加后，就给这个养殖户发一个私人转账 6.68 元，并截屏发到微信群内。

其他人看到，加群主确实有惊喜，那么加群主的人会多起来。当加群主的人多了之后，就把私人转账红包降为 1.68 元。前期是重奖之下必有勇夫，后期添加的人多了，就把金额降下来。

加为好友后，要第一时间和养殖户进行沟通。沟通时最忌讳的是三连问，一般会这样问："您好，您是做经营的还是做养殖的？您主要养什么品种？您养了多少？"三句话问完，养殖户基本上就不说话了，因为养殖户心里面就一句话"你管我呢？"

那么正常的沟通方法是，拉家常式的聊天。"您是李老板拉进来的，您和李老板是不是一个地方的？你们今年养猪的发大财呀，一头猪可以赚 4000 元。搞得我都想去养猪，就怕养不好呀。"养殖户会说"赚不了那么多，现在这个行情也就可以每头赚个 3000 元左右。""那也非常不错了，比往些年强太多了。李老板养了 50 头母猪，您养了多少头呀？李老板还说你养猪比他养的好，有时间我可要登门叨扰，向您请教几招呀。"

这种拉家常式的沟通方式，更有利于和新客户拉近关系，同时了解到客户信息。方便在微信后面进行备注。

3. 把群内不合适的人员清除

把群内不是搞养殖的人员、竞争对手、从来不说话也不认可我们的人员清除出去。目的就是为了保持群内人员的认可度。让拉进群的人员，尽可能多地成为目标客户。只有这样才能达到引流的作用。

☞微信运营之互动

很多兽药经销商朋友，都有自己的微信群，但是对这些经销商朋友最大的问题就

是：群不太活跃，发红包养殖户就出来，讨论问题或互动没有一个养殖户说话。针对这个问题，如何让微信群活跃起来，群内如何互动也是这一节我们需要讨论的问题。

要想解决群内活跃度问题，就需满足两个条件：①建立微信群的组织架构；②群内互动的内容是养殖户关心的话题。

1. 如何建立微信群组织架构？

一个微信群就如一个村庄一样，多则500人，少则几十人。要想经营好微信群，可以向基层组织学习。领导是怎么管理村庄的，我们就怎么管理微信群。

在一个村庄内有村领导班子，一个乡（镇）有乡（镇）领导班子，一个县有县领导班子，有了领导班子，整个群体才能被有效的组织起来，整个国家才能有序的运转。

这个领导班子就是我们说的组织架构，任何一个群体有了组织架构，那么一切才会有序不乱。

微信群也是一个群体，封顶500人的一个大群体，要想有序的运营，那么微信群也要建立自己的组织架构。

那么，该如何建立微信群的组织架构？

一个微信群需要有四种身份：群主、技术老师、有养殖户、意见领袖。

（1）群主：制定群规，起到震慑作用。

针对群里面发一些不良信息、消极思想、反党反政府信息，还有一些"卧底"如厂家和竞争对手等，直接清除。

微信群运营要有群规，没有规矩不成方圆。养殖技术交流群第一要求不能拉和本行业没有关系的人员；第二不能乱发广告；第三群内要传播正能量，不能发负能量的东西；第四不能发违法的信息；等等。

执行群规时一定要严格执行，如果不能严格执行，那么整个群是非常乱的。群一旦乱了，就会伤到这些忠实粉丝的心。

（2）技术老师：负责引导，给养殖户在线解答问题。

每个群定时关注，对于养殖户的问题，第一时间给予回复；定期做技术讲座，针对某一个问题，或某一个现象，或当前流行的疾病，给养殖户详细沟通和交流。

（3）养殖户：当前微信群面临的问题是，群里人很多，但没人问问题。

回想一下，政府在推行一个政策时，往往会提倡："党员要起带头作用"。

群没人说话，就是因为没有人带这个头。在微信群运营前期，我们要借助门店内其他工作人员，让门店的员工扮演养殖户的角色，有人担任技术老师的角色。这样就形成了，有人提问题，有人回答。

我们平时在微信群内是什么态度呢？是不是也不说话，但群内其他人说话时，我们会看他们沟通的内容。

养殖户和我们一样，在群内不说话，不代表他不看。养殖户此时的心态是裁判的心态，在考核技术老师的水平能不能达到他们的要求，通过几次观察后，他们发现技术老师的水平可以，这时就会有真正的养殖户提问题了。

有一个就会有两个，有两个就会发展到三个，后来会越来越多，这样的微信群就活跃起来了。

在一个微信群内，有群主、有技术老师、有养殖户，要想活跃气氛，让养殖户主动沟通，就要有养殖户提出问题，有技术老师回答问题，这个问题解决，下个问题就会出来，形成一个问答循环。

（4）意见领袖：负责活跃群的气氛。

每个意见领袖周边都有几个、十几个，甚至几十个养殖户。那么一旦意见领袖说话，其他养殖户就会回应，一个群内只要有十几个人活跃，那么整个群都会非常活跃。

每个群里最多有两个意见领袖就可以了。因为意见领袖都是一些比较有"个性"的人，群里意见领袖多了，相互之间会出现"看着不顺眼"现象，容易出现意见领袖在群里"顶牛"。

2. 群内互动的内容是养殖户关心的话题

有这样一则故事：在远古时代，有"智猿"和我们老祖先"智人"，两种生物，都面临着生存的问题。那么"智猿"的领袖，就发起号召："走，兄弟们，我们进山打猎去。"十个"智猿"中，有三个感兴趣，所以跟着领袖一起行动。

那么我们的老祖先"智人"，是怎么发起号召呢？"走，兄弟们，我们进山找仙女去。"虽然是胡说八道，但十个"智人"，有十个都感兴趣，所以思想统一了，智人存活下来了。

那么今天的微信群，就和当年"智猿"和"智人"遇到的问题一模一样——如何激发人们的积极性！唯一的方法，就是找到一个让大家认同的事情！

找到更多让大家感兴趣的话题或活动，就可以调动养殖户的积极性，就能引起客户的关注。有了客户关注，就有了流量，有了流行，就可以达到引流客户的目的。

有一个净水机公司，想进军农村市场。那么面临着同样一个问题：如何把一个村庄的所有人都召集过来呢？经过长期的摸索，就一个动作就可以把全村所有的人都召集过来，同时让大家来的时候积极性还非常高。

那么就是"凡是到场的所有人员都有一个礼品（塑料盆、勺子、铲子等）"，短短的一个小时时间，这个消息像风一样，从村庄的南头传到北头，全村男女老少，都非常积极的聚集过来。

然后企业主持人开始互动，宣传，搞活动。同时告诉每个人，不定时的还会发礼品。所以整个会场的所有人，都没有人离开。一个多小时的促销，卖出了十几台净水机，每个人员手里面多了几样礼品，且每个人脸上都荡漾着笑容。

这就是线下互动，我们可以想象一下，人群还是那群人，如果说需要把这群人，从线下搬到线上，人性没有改变，只是我们看不到对方的面孔，但客户的需求和人性都是没有任何变化的。

线下客户需要什么才能互动，那么线上是一样的。礼品是一个润滑剂，有了礼品，那么整个会场就不缺少互动性。所以说所谓的互动，就是礼品的交流。

建立客户之间信任，最快的方法就是礼品。一个陌生人，第一次得到我们礼品成交的概率在40%左右，第二次得到礼品成交的概率在80%左右；第三次得到礼品成交的概率在90%以上。

☞ 微信运营之成交

微信互动最终的结果就是为了成交。但在微信营销中间，大家往往盯得是结果：如何能把产品卖给客户？实际上这是一种误区，我们首先应该问的是，你和多少个客户有信任关系？有多少客户相信你，就有多少客户会买你的产品。

成交的基础来自信任，信任的基础来自重复博弈（也就是我们经常说的共过事）。那么对于一个陌生客户，我们不可能有太多时间或机会和他进行重复博弈。有更多的机会是在微信群内的互动，互动的频率越高，信任关系建立的速度就越快，成交的可能性就越大。

大家都有这样一个习惯，要买一个几千元的电器，这个电器以前没有接触过，更不了解。其最佳的购买途径就是通过朋友介绍过去购买。

如果有朋友介绍，就代表着有朋友关系去做担保，等于有信任的基础。这是所有客户都有的一个共性，所以我们要把产品卖给客户，就需要和客户建立信任关系。

微信成交的几个具体方法如下。

1. 线上互动，线下活动，会员跟进

这种营销方法用的是互惠原理，就是利用我们首先向客户示好，给客户适当的小礼品，以此打动客户的情绪，从而获得客户的好感，最终转化为行动，购买我们的产品。

具体的方法是，通过游戏的形式，让一部分客户获得我们的礼品。河南许昌长葛的一位兽药经销商齐老师，每天晚上8点准时在群内发布微信抢红包、送礼品的活动：在指定红包中，如果有人抢红包金额为7元者，可以获得一件蓝大褂（价值在12元左右）。每天晚上送出10件。

第二天上午开始，给昨天晚上中奖的养殖户送礼品。所有中奖的养殖户，基本上都是在家等着他，每个人员都是非常客气，客户关系相处非常好。

我当时问过齐老师，我说"你这样每天送蓝大褂，这个成本也是不低的呀"。齐老师给我算了一笔账，"每天10件蓝大褂，30天就是300件，我批发的情况下，也就是3000元左右"。

"我之前每月请养殖户吃饭的费用，也在3000元之上，与其请吃饭，还不如我送蓝大褂效果好呢，基本上2次以上拿到蓝大褂的养殖户，成交的概率非常高，到目前来讲，在养殖户身上赔钱的客户，还是比较少的"。

"另外我把一部分客户，转化成为会员了，在给会员送礼品的时间，我顺便又推广了一下活动，所以我这个蓝大褂送的一点都不冤！"

2. 让客户帮我们进行宣传，借用客户信任背书

对每个经销商朋友来讲，都想宣传自己的产品。但在朋友圈和微信群内每天宣传，效果并不是很如意。那么经销商有没有想过一个问题，就是让客户帮自己宣传，这样的话效果会非常好。

问题的关键是客户为什么愿意帮经销商宣传？

还是之前使用的方法，想让客户帮宣传，就需要有一定的筹码，报酬够，客户帮宣传产品的目的就一定能实现。

经销商在线下开圆桌会议，当活动做完之后，负责人会宣布，现在公司有一个好政策：现场发朋友圈，到我们吃完饭结束，谁积攒够20个赞，送一袋5斤的大米。

宣布完之后，大部分人是没有行动的，只有少数人开始行动。当有人发朋友圈积攒够20个赞之后，我们把礼品给客户拿过去之后，其他人的眼神就不一样了。所有人都开始发朋友圈，有人还给自己朋友打电话，"抓紧时间给我点个赞，一会人家厂家就走了"。

还有客户比较聪明，私下说："你看咱们现场就有将近20个人，我们每个人加一下好友，相互点赞，就接近了20个。"于是客户相互间就开始加好友，相互点赞了。

经销商要的是客户发朋友圈，目的不是点赞多少个。当客户帮发过朋友圈后，看到朋友圈的这些客户的朋友们，会对转发的内容产生好奇。因为转发朋友圈的内容是："我为×××产品代言，求赞20个。"

既然你为这个产品代言，那么你肯定用过这个产品，另外这个产品质量肯定不错。所以一连串的结果都被推理出来了，这就是我们所说的信任背书。朋友通过对朋友的信任，转嫁到对产品的信任，这种信任是依靠朋友关系做担保。所以他的宣传效果非常好。

辽宁丹东一位经销商朋友，有一天晚上10点多了给我打电话："秦老师，我按照您教的方法，开始让客户发朋友圈，然后让积攒够20个的截屏发大群里了。"我说："这挺好的呀！您担心什么呀？"

"我刚才粗略地数了一下，发群里面的截屏将近有200个，现在还有客户在往里面发着呢。"

我说："这不是挺好的吗？一个客户一天最多兑换一次礼品嘛？你担心什么呀？"

"是的。但是现在最大的问题是，我在群里说了，谁的截屏发群里，可以兑换一袋价值40元的产品，我产品刚进回来，现在一件还没有卖，一下子就要送出去这么多，这不是让我破产的节奏吗？"

我说："你相信我的话，就继续搞这个活动，连续搞三天，三天之后，我给你方法，行不行？"

"一天我都受不了，来三天我不直接就'熄火'了？"

我说："是这样，如果这个活动导致您赔钱了，你赔多少，我让厂家补给您。您只管按照我的方法操作，行不行？"

这位经销商朋友说："可以。"

第三天晚上，我给这位经销商朋友说："从明天开始，按照统计的结果，给客户开始兑换产品。兑换时的话术是：我给您兑换的三袋产品，您暂时不要用，为什么呢？因为不够一个疗程。如果您想用，有两个方案，第一个方案是，我们的活动经常会有，您等下次再搞活动了，您攒够一个疗程了再用；第二个方案是，我们这一件是15袋，您已经得了3袋，您可以再花12袋的钱，可以拿一整件。另外您一次拿两件，我们还有礼品相送。"

按照这个方案，80%以上的客户都接受方案二了。成功地把一些目标客户，转化成准客户。最大的好处是，一夜之间，这个地区的所有客户都知道这个产品了。

3.线上成交注意零钱账户

线上成交最大的问题就是信任问题，那么信任问题能不能解决呢？完全可以，那就是利用客户的零钱账户。

什么叫零钱账户呢？你口袋里有100元现金，没有换开之前，这100元花掉的速度非常慢。如果你花掉1元，剩余的99元会花掉的速度非常快。这种现象就是因为剩余的99元是零钱，在心理上不受重视，所以花掉的速度比较快，这种行为称为零钱账户。

而互联网对零钱账户是特别敏感的。为什么呢？因为客户看不到实物，对商家和产品都不熟悉，在这种情况下购买，安全系数非常低。那么降低购买风险的唯一方式就是零钱账户。

什么意思呢？就是客户在购买产品时，是因为产品的卖点和吸引力，满足了客户的好奇心，客户在好奇心的驱使下，愿意花钱去买。但如果这产品没有达到自己的预期，自己对这种损失也可以接受。不会产生太多的懊悔和自责。

什么样的情况下可以达到这种效果呢？就是金钱的额度，额度小到足以让客户忽略的地步。这种情况就是零钱账户。

零钱账户受什么因素影响？零钱账户受金钱的额度影响！根据每个人的经济状况不同，每个人的零钱账户额度也是不同。但对于大众来讲，一般人的零钱账户为200元以内。

你在网上逛网店，200元以内的商品只要你看中，那么随手都会放进购物车，不会有太多的犹豫。如果你看的是一台价格为1万元的格力空调，那么你犹豫的时间会长，总感觉还是到实体店里看一眼比较放心。这就是零钱账户在起作用。

4. 场景营销，塑造氛围

利用微信特有的环境，制造出营销的氛围，从而达到销售产品的目的。在微信里用的最多的就是秒杀活动、产品代购券优惠活动等等。

产品秒杀活动，需要做的第一步就是，提前设计好活动，编辑好活动内容。活动内容必须满足稀缺感，如果达不到这种效果，那么秒杀活动的场景就不存在，就达不到销售产品的效果。

很普通，很常见的产品，怎么设计才可以达到稀缺感呢？就是要满足三个条件：限时、限量、限购。三个限制条件，就可以达到制造稀缺感的条件。

限时：我们活动的时间只有30～60分钟。

限量：我们本次申请产品的数量是50件，卖完为止。

限购：每人最多购买2件。

秒杀活动文字（案例）

今天是×××日子，是一个有爱的日子，是一个幸福开心的好日子！为了感谢大家的关注和支持，×××公司特给出本群《×××》的秒杀活动！

活动细则：

A. 活动仅限100桶。

B. 每人限购2桶。

C. 活动时间×××日（20:00—20:40）。

D. 活动接受提前预订，送精美水杯一个！

E. 活动以现金到账为准！先加群主私信！

接下来就是要把活动的内容，宣传出去。在微信群里面宣传要注意一个问题，宣传的时间不能过早也不能过晚。早了客户会忘记，晚了客户会感觉太突然。最佳的宣传时间是，今天早上开始宣传，明天晚上开始做活动。

宣传的时候，一定注意一个细节，要用互动式的宣传方法，而不是发个红包，把活动内容一发，再发个红包完事。我们应付客户，客户一样会应付我们。客户对活动内容的重视程度，完全取决于我们对活动的重视程度。

宣传完之后，电话和老客户进行沟通，可以让老客户提前定购，不要现金，要微信转账，目的就是把转账记录可以截屏，活动时可以使用。

活动开始前30分钟，进行互动热场，让所有的客户都出来。发红包时，要以红包雨的形式进行，一发就是10个、8个红包。大红包和小红包要交替着进行。

5. 借助游戏，进行游戏化思维

未来是一个游戏化思维的时代，特别是"90后""00后"，对游戏的痴迷程度往往是不能自拔。我们未来是否也要考虑，把所有的营销都变成游戏。在这里不但可以玩，而且还可以挣钱，还可以买东西，这就是游戏化思维。

对于当前微信小程序游戏有32个，以后慢慢地会开发得更多。可以借助当前小程序游戏，把自己的产品植入进去。

现在最常见的就是"砍价""赛马""万人斗地主"等，把产品植入进去，游戏第一名可以免单，第二名半价，第三名6折，剩下所有人额外送个礼品。把客户买产品的心理转化为游戏化思维，再加上占便宜思维，营销应该是一个新天地。

☞ 个人微信号的打造

1. 微信头像的设置

互联网时代，慢慢地从一个虚拟的世界走向一个真实的世界，一个透明的世界，一个信息共享的时代，每个人必须学会透明化生活。

现在很多人，在设置头像时还是沿用之前玩QQ的习惯，把自己的头像设置成明星、风景、动物、各种照片，但就是不用自己的头像。

可以设想一下，如果第一眼看到陌生人的头像是风景或明星时会是一种什么样的感觉？给我们的感觉是一种不真实的感觉，如果他要添加我们为好友时，你是否会通过？

如果是我本人看到这种头像时，第一反应是看看他的朋友圈，如果是同行业，一般我会添加，但不代表对他有好感。如果不是本行业，那么直接拒绝。

那么怎样设置头像能给对方留下好的印象呢？

具体要求是：穿正装，化淡妆，照片为身体上身的三分之一处。

这样保证别人在不点开微信头像时，也能一下子认出我们。这样的好处是，当我们想认识更多客户时，他能看到一个真实的人。特别是我们经销商朋友，养殖户大多都在门店周边 50 公里以内，在交易合作时，大部分是会见面的。

微信解决的就是"网恋"问题，这里说的网恋不是指男女关系，而是指通过互联网工具解决陌生人相识、相知、相交的过程。我们在微信里交流过几次后，一旦在某个地方见面时，会出现这样的现象："我见过你，我有你的微信"。这样能快速地拉近两人之间的心理距离，更利于营销。

2. 微信名称的设置

微信名字大部分人是喜欢用一个字、词、成语或其他，很少用自己真实名字。如果用其他代替如"马到成功""美好生活""美丽人生""梦醒"等，往往是很难记忆，也让对方留不下印象。

名字就是一个代号，代号存在的意义就是用于区别，就如同你真实的名字，很少有重复，即使有重复，身份证号是不会重复的。

既然名字就是让人用来识别的，那么我们有两个选择：第一用自己真实名字＋门店名称；第二用一个能给人联想的名字，如"潘金莲""西门庆""武大郎"，别人看一眼就能记住。

第一种自己真实名字＋门店名称，有利于养殖户及朋友一眼就认出我们，对门店宣传也有很好效果。

未来跨区域营销已经成为趋势，经销商除了要对自己区域内养殖户熟悉，而且通过微信群、千聊群、QQ 群等社交软件会认识越来越多的养殖户。

我们除了认识养殖户，养殖户也需要辨认我们，那么名字就是一张名片，有了这张名片，我们会结交更多客户。

第二种用一个能给人联想的名字，如"潘金莲""西门庆""武大郎"等名字，会让一个陌生人看到后感觉非常可笑，有调侃你的冲动。

如果有人看到你的名字后，有人就问了：

"你真的叫武大郎吗？"

"真名不是。"

"那你怎么叫这个名字呀？"

"那是我们在 2018 年年底，门店十周年店庆时我表演了一个节目，叫'武大郎翻身记'，当时演的太像了，给很多人留下了印象，所以大家都不叫我真实名字，一直叫这个名字，时间长了，干脆就叫武大郎，便于大家记忆。"

通过这次交谈，很快地和客户消除了陌生感，让他对我们产生好感，有利于继续交谈下去，最终交流很顺畅，为线下拜访留下好的印象。

3. 微信交流方式

当我们把头像、名字设置好后，面临的一个问题就是要添加养殖户，加好友容易，只用申请好友即可，难就难在客户沟通上。如何能和养殖户沟通顺畅？

在与客户沟通时掌握一个原则，如果养殖户给我们打字，那么我们也给客户打字，如果对方用语音，那么我们也要用语音回答。

用语音的好处是，当客户看着我们的照片，知道我们的名字，还能听到我们说话的声音，那么就完成了一个见面沟通的流程。这样更利于我们与养殖户交流。

☞ 个人朋友圈的打造

1. 发图片与文字的方案

在微信运营时，如何运营好自己的朋友圈，其实就一个原则：让自己成为朋友圈中的"网红"，所谓的网红就是网络明星，社会上公众明星的影响力比较大，有全球性的明星，有全国性的明星，有全省性的明星，而我们朋友圈的网红就是我们朋友圈的明星。

既然是明星，就要有粉丝，我们的粉丝就是微信圈内的养殖户，如果天天都能吸引他的眼球，那么生意想做差一点都很难。

目前，朋友圈人人都想成为网红，但成为网红必须有网红的标准，首先我们要掌握"人性"。所谓人性是指人们的喜好。

很多人在朋友圈除了发广告还是广告，很惹人烦，短时间内就会被屏蔽。发朋友圈真正有效的信息，一定是朋友想看的东西，要掌握人性的"偷窥"心理，很多人都想知道他关注的那个人在干什么？现在的心情等等，所以当我们发生活照、正能量信息等都会引起共鸣。

现在人的生活时间越来越碎片化，每个人的时间都很宝贵，所以在一些信息上的停留时间都非常短，人们只会关注他比较在意的事情，如果第一眼不能吸引他的眼球，那么你已经没有机会了。所以在发朋友圈时，多发图片少发文字。

2. 朋友圈生活化

在发朋友圈时，大部分人的心态，是想向对方传递自己正能量的方面，害怕被朋友知道自己负面的信息，所以发的信息内容都是被加工过的，自己非常累，别人看着也累。

这种"加工处理"的信息往往引不起共鸣，我们的朋友更多喜欢的是一个真实的人，所以真正有效的朋友圈信息，就是真实生活化的信息。

不论在吃饭，旅游，生活上，只要是实实在在存在的都可以发，让朋友圈成为有灵魂的朋友圈，体现一个真实的自己。

朋友圈的目的就是为了让我们和朋友之间的距离，通过微信这个工具拉的越来越近，让我们随时随地的出现在朋友的视野中。让我们的快乐，能够带动朋友的快乐。让我们的不幸，得到朋友的认可。只有这样朋友关系才会很近，否则朋友离你会越来越远。

3. 点赞、评论

我们在日常工作中，通过微信和客户沟通时，会遇到一个问题：客户对我们的信息，一般都不愿意回。客户一般不回微信，属于正常现象。

我们给客户沟通的目的，非常明确，就是想让客户购买产品。客户很多时间不愿意跟我们沟通，是因为不想再买产品。任何一个客户也不可能天天从你那里购买产品吧，但我们往往给客户除了沟通产品就没有别的内容了，客户不回复就很正常。

我们销售的目的，就是想让客户购买产品。客户产生购买行为的前提，是认可我们这个人，想让客户认可我们，只有一个途径，和客户处好关系。处好关系的关键就是要相互认同，相互认同从那里开始？相互认同是从认同朋友的朋友圈开始。具体该怎么做呢？从给朋友的朋友圈点赞、评论开始。

在微信的主页面上，如果说最吸引人的莫过于"发现"栏中的那个"小红点"。一个人看微信时的正常习惯是，先看"小红点"看看有没有人给自己点赞或评论。每个人对自己发的朋友圈都是非常在意的，在意的原因是：通过朋友圈的点赞和评论，可以观测到微信里朋友和我们的关系远近，有多少人认同我们。

假如我们朋友圈里，有 个陌生人给我们点赞，那么连续超过3次，我们都会点开这个人的微信看看他到底是谁。而在评论栏里，不论是陌生人还是熟悉的朋友，只要有评论，我们回复的概率在95%以上。

根据人们的心理，当我们和客户沟通时，怎么给客户沟通，他都不理我们，或者都不关注我们，此时你可以使用朋友圈评论的形式，和客户沟通互动。客户此时会非常乐意和我们互动，一切都源于我们先认可客户，关注他，那么客户也会开始关注我们。

公众号的运营

微信公众号，是客户了解企业的一个窗口，通过公众号，可以把企业事件、产品、服务等信息，精准的传递给客户。便于客户在选择产品或服务时，能想到我们，从而起到客户引流作用。

1. 软文的设计

公众号文章要求：

（1）文章要图文并茂，以图片为主。

现在大家的时间是越来越碎片化，没有人愿意花太多精力去看别人写的一般内容。所以能不能第一时间吸引客户的眼球，文章标题和图片的作用，就越来越重要了。

第一图片可以快速的吸引人的眼球（特别是美女的图片）；第二看图说话，一张图能说明很多问题，比文字叙述更加形象，更加真实；第三节约时间，一目了然方便快捷。

（2）文章字数不宜过多，以300字为标准。

微信公众号的文章文字，只有超过300字才能申请原创，所以我们要想申请文章原创，那么300字这个标准必须遵守。

人们一般都喜欢看原创的文章，所有在文字编辑这一方面要求最好要在300字左右。文字太多，对于阅读的人也是一种考验，很多人没有耐心读完。

所以我们既要保持原创，又要让读者在最短时间看完。第一便于人们的观看和学习；第二节约人们的时间，短平快的学习方式。

（3）题目要新颖。

现在新闻运营基本都采用的是"标题党"，利用标题去吸引眼球，所有我们在编辑文章时，题目要占整个文章编辑的40%精力。

只有新颖的标题才能吸引更多的人去关注，只有更多的人关注才会有高的浏览量，只有高的浏览量才会有更多的人认可我们，关注我们，最终才能成为网红。

（4）配语音。

坚持学习是每个人的愿望，但能长期坚持的人是寥寥无几的，其核心原因就是学习的方式。

原来的学习方式就是看文字、看视频。这两种学习形式，都有非常大弊端：都需要集中精力，中间不能被打断，一旦打断，需要很长时间才能重新集中精力。所以看文字和看视频，对一些想学习的人来讲，确实压力比较大。

现在假如我们把文章改为音频版，那么我们的粉丝可以在上班的路上、在养殖场工作中都可以边学习边工作，在两不耽误的情况下进行。

未来会有越来越多的人不再喜欢看书，会选择通过音频去学习，这是一个大的趋势。

2. 文章推广

文章写出来之后，需要推送，在推送的过程中，很多人选择在朋友圈内发送，这只是其中一个途径。如果想让文章有更多人看到必须做到以下几点。

（1）文章发送必须定时。

兽药企业以申请订阅号为宜，可以每天发送文章。同时发送文章的时间要固定，文章要提前编辑好，第二天早上6:00发送，那么我们以后每天早上6:00准时发送。

连续坚持2个月以上客户就会形成习惯，每天早上起来第一件是看我们发的文章，如果哪一天我们没有发文章，客户就会问"今天怎么没有文章呢？是不是有什么事情？"。给客户养成习惯，更有利于增加客户之间的黏性。

（2）文章发送后要往各个微信群内发送，让更多的客户看到。

如果只在朋友圈发送，看到的人是非常少的。每次可以发9个微信群，连续发10次就可以发90个微信群。一个群平均有300人，那么我们推送的文章就会有27000个人看到。

如果只推送朋友圈，那么我们微信好友一个号封顶是5000人，更何况我们的微信号也没有那么多人，这中间的差距就可以看出来了。

（3）发动朋友帮忙推送。

每个人的朋友圈都是不一样的，所以有更多的朋友帮我们推送，就会有更多的人看到。一个运作比较好的经销商，一年下来会累积大约有50~70个朋友愿意帮他转发，每个朋友就按有1000个好友算，就会有50000~70000个好友看见。这就是朋友圈的影响。

3. 个人知名度提升

一个经销商要想成为客户的网红，就要有动人的故事，任何一种营销都没有故事营销的穿透力强，所有经销商要提高自己的知名度，就要写自己的人生事迹。

客户购买产品首先就是要了解，认识，认可，最后购买，要想让更多客户认可自己，就要宣传自己。

定期针对自己附近的贫困户，可以定期扶贫，把活动过程可以在公众号内传播。

4. 公众号的销售

一个水果店，每天让所有来店买水果的顾客，都扫描公众号二维码，成为水果店的粉丝。每天晚上8:00，公众号内发出通知：今天晚上8:00~9:00，还剩余什么水果多少斤。凡是在这个时间段来买产品的顾客，都可以打5折。

晚上9:00~10:00，店内剩余的所有水果，都统一按2折出售。所以水果店每天的所有水果都可以全部销售出去。而且水果店的主打优势就是新鲜。当天的水果，当天全部销售完毕，不留一点存货，明天早上再进货，一天就卖这么多水果。

所以水果店周围小区的很多顾客，天天都需要盯着这个水果店的公众号，一眼看不见，就会有新的销售政策错过。而且基本上 9:00 之前，所有的水果全部卖完。

水果店又推出了提前预订政策，顾客提前把水果款打过来，可以享受第二天定购水果的 8 折优惠。所以很多水果，在没有进回来之前就全部卖完了。

通过一年多的积累，水果店把线下的店面作为一个引流口，把线上订单线下配送作为水果店的主流业务。

在公众号快过时的年代，灵活运用，利用客户占便宜的人性，才是制胜的法宝。

☞微课堂的打造

1. 吸引更多养殖户入群

作为一个要成为区域霸主的经销商，微信讲课、现场讲课，将成为工作的一个必备技能。

只有演讲、讲课，才能获得更多人的认同。有了认同，才会有支持，企业才能稳步地向前推进。所以每个想把门店经营好的经销商，都必须学会讲课。

一个门店想经营好，就需要影响更多的养殖户，如何影响更多的养殖户，唯一的，也是最快的方法就是讲课。向客户展示自己的技术水平，展示产品，展示门店，展示能给客户带来的效益。这些展示都是通过演讲来实现的，通过这些展示，让更多的养殖户认可自己，相信自己，最终选择自己。

那么对于微信讲课，该如何设计呢？

具体时间安排，每周要讲 2～3 次课程，时间要固定下来。如果是每周的周一、周三、周五，那么以后每周讲课的时间都是这个时间。

经销商一定要学会，将自己打造成一个老师，树立权威，建立信任，为推广产品打基础。

2. 课程设计

每个行业的课程设计都不一样，现在以兽药行业的微课堂打造为案例，来看兽药行业的微课堂如何运营。

在课程设计时，以一个现象或一个问题为基础，主要帮助养殖户解决养殖过程中的一些细节问题。所讲的问题，都是养殖户经常见到的。虽然养殖户经常见到，但不知道是什么原因引起的，当这种现象引起养殖损失时，又不知道怎么处理。所以要讲的问题，都是养殖户身边常见的问题，用的图片都是最近市场的案例图片。

具体操作分为四个部分。

（1）现象引发的话题。

这个现象是养殖户常见的现象。例如，母猪妊娠期间便秘，这是一个现象。根据便秘这个现象，要进行详细描述，描述的越详细越好（讲课要能讲出猪粪味），让养殖户感觉你现在描述的就是他家的猪，出现的这种情况。

（2）现象引发的不良后果。

这种现象，如果不处理，会引起什么不良后果。例如，母猪便秘这个现象，如果不及时处理，会给母猪造成什么危害，有什么不良后果。如果提前处理，能降低多少损失；如果处理不好，会造成多大损失。

（3）引起这种现象的原因是什么。

针对这种现象，是什么原因引起？找到问题的本源，这样能体现出来老师的水平比较高。例如，引起母猪便秘的诱因是什么？有生理性便秘，有病理性便秘，每种便秘有什么不同？详细列出来。

（4）针对这种现象处理方案是什么？

列出详细的解决方案。所列的方案，第一项是治疗这个问题的"偏方"，第二项再写使用我们的产品如何解决。偏方对养殖户有非常大的吸引力。

偏方的效果好坏和治疗水平没有任何关系，养殖户也不会因为偏方效果不好，而怪罪授保者。但会因为授保者给他提供节约成本的方案，而感激授保者。

例如，解决后备母猪不发情问题。偏方是：使用饥饿疗法，后备母猪断料2天，但供给充足的饮水。两天后每头母猪饲喂250g葡萄糖，连用2天。正常情况下，后备母猪就会发情，如果不行，那么就用产品解决。

3. 互动、提问

在群内讲课时，不以讲为主，讲课时间一般以15～20分钟以内为宜，时间太长养殖户根本没有精力去听，时间太短听的不过瘾。

在微信讲课时，客户一般在10分钟左右时，就会出现烦躁情绪，对课程就会失去兴趣；当达到15分钟时，就会对课程失去耐心，甚至停止听课；达到20分钟是一个人微信听课的极限。

也有人会听完一小时的课程，但大部分客户是没有这个耐心的。讲课人可能会感觉课程是非常重要的，但我们忽略了人性，学习是反人性。你如果问一个人，学习重要不重要？你愿不愿学习？100个人，有100个人都会说，学习非常重要，愿意学习。

但真正落到实处的，能够坚持长期学习的人，寥寥无几，那就证明一个问题，学习是反人性的。人性是懒惰的，能偷懒，一定会偷懒，这才是人性。

那么我们想在群里让客户多学习一些内容怎么办？那就是在讲完课之后，在群里面和客户互动。不论我们讲过的内容，还是客户关注的内容，我们都可以在群里面进行沟通讨论。讨论的时间可以长一点，因为看热闹是人性，热闹越大越有看头。所以在群里面可以进行长时间的互动和游戏。

4. 微信群的培养

经销商朋友最大的问题就是：我建立的微信群，发了那么多红包，但一开始宣传产品，推广促销活动，参加的养殖户非常少，到底是什么原因？

对于一个微信群，我们不是刚组建几天，就可以销售产品了。而是需要一定的时间进行培养，建立彼此之间的信任。没有时间基础，想取得好的销售结果是不太现实的。

一个微信群的培养需要多长时间呢？最短需要有3个月以上时间。如果长期互动，那么在第三个月下半月时，就会有客户主动加好友，然后给我们说，把那个产品给送一点。

随着微信群维护的时间越长，那么后期这种现象会越来越多。把微信群内的所有客户都发展成为好友，在把好友发展成为目标客户，甚至准客户。

五、会议营销

> 兽药行业的客户群体是非常精确的，就是搞养殖的这些人，所以客户引流的工作非常明确。会议营销可以解决两个问题：一个是引流，可以在最短时间内找到更多的养殖户；另一个是建立信任关系，因为长期的接触，利用重复博弈可以达到建立信任的目的。

☞ 会议营销的功能

"会议营销"是指通过邀请目标客户，利用亲情服务、促销活动和场景感染等形式，是一种一对多的批发式销售。

会议营销的实质，是对目标客户的锁定和开发，对客户全方位输出企业形象和产品知识，以专家顾问的身份，对意向客户进行关怀和隐藏式销售。它对商家收回欠款和预付款、客户了解产品、打造根据地市场、拉近客情关系等方面都有很大帮助。

会议营销利用的原理，就是改变商家对客户单个教育为批发式教育的营销模式。商家原来零售的模式是见到顾客后，一个一个的客户进行沟通，向客户输出产品的卖点及优势，这种工作量非常大，但是效率却非常低。每个客户都需要讲一遍，而且给客户讲产品的场景也是千差万别，客户对产品的理解也是"心不在焉"。现在商家利用会议的名义，把目标客户召集到会场，针对性、专业性的讲解和教育。让客户充分的了解商家产品的性能及优势，进行引导式消费，让客户产生购买欲望和好奇心，从而实现让客户批量购买的目的。

会议营销改变了客户的消费场景，让客户可以短期内把精力和目光聚集到商家和产品上，在最短的时间内，可以让更多的客户接触到商家和产品。

封闭的营销环境，"绝对优势"的企业和产品介绍，让客户会产生一种错觉："这个企业其实是非常不错的，只是商家之前对他不太了解，经过了解这个企业和产品，都是值得合作的。"

会议营销的利弊主要体现在会议本身上，因为会议营销涉及的流程比较复杂，涉及的内容比较多，对会议举办方要求相对比较高，任何一个环节的操作失误，都将成为会议销售成功的绊脚石。

互联网时代，其实更需要会议营销。互联网企业最大的问题就是客户的信任问题，信任危机最大原因是"鸡犬相闻，老死不相往来。"虽然合作了很长时间，但客户对企业的真实感没有建立起来，所以还需要有线下的会议来弥补线上的虚拟感。

通过会议营销的方式，输出企业"高、大、上"的形象，树立客户购买产品的信心，让客户对企业更有信心，产生信赖感。

会议营销操作步骤一般分为：会前、会中和会后三个环节。每个环节，环环相扣，每个环节都非常重要，任何一个环节出现漏洞，都会导致整个会议的失败。

（1）会前：属于会议的准备阶段。

大部分商家对这个阶段都不太重视，认为这个阶段的主要工作，不就是把客户邀请到会场吗？只要客户到会场，这个阶段的工作，不就圆满完成了吗？

事实并非如此，会前的准备工作做得越充分，会议成功的概率越高，客户参与订货概率也越高。会前的准备工作需要注意一个环节——邀约要有仪式感。

很多商家认为：都是老朋友了，打个电话客户就来了，有必要亲自跑一趟？再发个请帖，会不会显得太生疏了？

事实正好相反，客户对会议的重视程度，完全取决于商家对待会议的态度。商家对会议非常重视，客户也会非常重视，客户的邀约仪式感，就是商家对会议重视程度的体现。

商家对会议的自信和重视程度，客户只能收到70%的感觉，如果商家再经过业务人员层层的传递，最终传递到客户那里，客户会对这场会议没有任何感觉，只是一场普通的请客吃饭活动。

商家认为打个电话，客户都能到场，那么客户会认为："只要到场，赶上中午吃饭，就是给商家很大面子了"。对于当下各个地区的客户，到会场的时间就会一拖再拖，对会议的展开，非常不利。

客户到场时间和参与促销活动与否，与商家通知客户参会时，给客户信心传递有100%的关系。

如果商家重视，那么也会引起客户的重视，客户重视了，他参会的时间就会提前。

这就好比，一位朋友的孩子要结婚，朋友是亲自跑一趟给你送个请帖好呢？还是给你发个短信通知一下？你认为那个更能引起你的重视呢，更能引起你的好感？

（2）会中：注重每一个会议细节——全程对客户表示感谢！彰显"东道主"的热情与好客，让每一位到场的朋友都感觉到被尊重了。会场实实在在的帮助解决客户关心的问题是会议的核心点，礼节和尊重是整个会议的细节重点。

（3）会后："会前有标杆，销量翻一翻；会后不跟踪，会议一场空"。充分说明了会后跟踪的重要性。会后跟踪注意每一个细节——先送上小礼品，再谈生意。

会议营销分为四种类型。

1. "圆桌会议"

会议规模不超过30人，会议操作简单方便，会前投入精力小、费用小、易操作。是开发新市场、推广大单品的"神器"。

圆桌会议又分为两种：一种是商家常见的请客吃饭做促销，这是商家目前市场上最常见的操作方法，一般用于在推广新产品时使用，大单品的打造完全依靠的就是这种方法；另一种是不请客吃饭，也不做促销。这种模式用于打造根据地市场、开发新客户时使用。

2. 中小型会议

会议规模在50～500人，会前投入精力比较大、费用用高，但收款多。

工作重心分配比：会前准备工作占60%，会场把控占20%，会后跟踪占20%。是开发新客户、收预付款和欠款的"神器"。

中小型会议的目的是：①短期内便于企业快速上量；②打击竞争对手，抢占客户的库存，让客户没有资金再买其他企业的同类产品；③把2～3个月销量集中在一次完成，为商家开发市场节约时间；④开发新客户，通过会场氛围和老客户对产品的认可来影响新客户的参与。

其遵循的原则：①一年至少要开四次会：春、夏、秋、冬；②前三场为促销会，设计好季节《促销包》，一次够用三个月；③第四次为抽奖感恩会，不促销，做一个有人情味的商家；④大奖为大户准备。

3. 游学会。

会议规模在30～40人，针对养殖规模比较大的客户（蛋鸡5万只以上，母猪200头以上）。投资资金比较大，时间比较长，但代表着整个企业的未来，是开发规模化养殖场的"神器"。

4. 代理商招商会

会议规模以30～50人为宜，主要以解决代理商最关心的两个问题出发：①你告诉我，如果我和你们企业合作了，你们的产品怎么卖出去；②我卖你们的产品，我有多少好处（你们厂家能给我留多少的利润）？

把这两个问题解决了，代理商的合作是没有任何问题的，而且会场会把卖产品转换成卖代理权。谁拿到了代理权，相当于谁拿到了挣钱的门路。

兽药门店的圆桌会议

在兽药门店的运作过程中,有一种常见的现象:每一家兽药门店,会在某几个村或者某几个乡镇,做得非常好,客户的忠诚度非常高,具有一定的区域优势。我们称这种具有明显区域优势的市场,称为"根据地"市场。

门店生意越好,门店的"根据地"市场越多;门店的"根据地"市场越多,那么这家门店的生命力和竞争力就越旺盛。这是一种良性循环,又称为"飞轮效应"。

对于每一位经销商朋友,都希望自己的"根据地"市场越来越多。那么"根据地"市场到底又该如何打造呢?如何组建更多的"根据地"市场呢?

"根据地"市场不是凭空出现的,他是需要一定的手段和运营思路。我们打造"根据地"市场,常用的就是"圆桌会议"。

一、会前准备

1. 让"意见领袖"帮我们组织会议

在每一个地区,都会有某一个养殖户,会影响几个或十几个养殖户。这个养殖户也不是什么领导,但他用什么产品,其他养殖户都会跟着他用,他说话,别人就相信。这个人在产品选择上有发言权,所以我们称他为"意见领袖"。会议就让"意见领袖"帮我们组织。

2. 会议地点的选择

选择养殖户比较集中的地区,在养殖户家里面,找一间比较大的房间即可。

目的是:①便于养殖户的聚集;②降低养殖户的防备心理。现在会议太多,把养殖户开会的积极性打击太大。所以很多养殖户存在着这样的心理:我也不吃你饭,我也不定你的货,会议干脆就不参加了;③改变经销商身份。在养殖户家开会,那么我们和其他养殖户,都是这家养殖户的朋友,朋友的朋友就是朋友,所以我们在这里的身份也变了。

3. 邀请对象

以"意见领袖"为中心,本村的养殖户或邻村的养殖户。方圆不超过 10 里地的养殖户都可以参加。邀约以意见领袖邀约为主,很多养殖户我们可能就不认识,但只要是搞养殖的均可以邀约。

4. 会议时间

提前定好某一天开始,时间一般设定为晚上 7:00 左右,养殖户都忙完也吃过晚饭了。

5. 物品准备

带 100 元（可以根据邀请人员数量而定）左右的水果，带上投影仪，电脑。在准备水果时注意一个细节，一般水果要多准备一份。在谁家讲课，要提前给该养殖户留一份水果放里屋。然后给养殖户说"这一袋是给孩子留的，其他的水果今天吃完，吃不完谁都不能走"。

二、会议实操

1. 讲课时间

讲课时间一般是晚上 7：30 开始，9：00 结束，时间为 1 小时 30 分钟。其中，1 个小时讲课时间，30 分钟互动时间。1 个小时讲课时间，20 分钟讲门店情况，40 分钟讲专业知识，讲完课后一定给客户留提问时间，便于客户交流。

经销商为什么得不到养殖户的认可，其实根本原因不是门店技术不好、产品太贵、服务不好，很多时间是因为养殖户不了解门店。

门店和养殖户接触，大部分情况是养殖场有疾病问题了给门店打电话，然后门店技术人员开车去养殖户家，看完病只是沟通疾病情况，很少谈论别的，拿完药就离开了。

前前后后总共也不超过 1 小时，有的时间更短。这么短的时间，养殖户如何了解我们？

养殖户根本没时间了解经销商，只有在治疗效果不错时对经销商的印象会好一点："技术老师技术还不错，产品也可以"，其他的什么印象也没有。

平时经销商也很少和养殖户交流，只有和几个关系比较近的养殖户，在一起喝点酒，交流的比较多点，其他 80% 以上的养殖户基本上没有私交。

这样导致养殖户对门店根本就不了解，对技术老师不了解，对产品更不了解，那么想让养殖户，主动来门店买产品，难度非常大。

所以阻碍养殖户购买产品的根本因素，不是产品原因，也不是技术原因，而是沟通的问题。没有沟通就没有了解，没有了解就没有购买。

圆桌培训会就是给经销商和养殖户之间，提供一个交流的机会，有了这样的交流和了解，后面的业务往来就水到渠成。

2. 讲课内容

讲课时间一般为 1 小时，其中前 20 分钟讲门店情况。

第一讲，我叫什么名字？我们的门店在哪里？我们门店的优势是什么？我们门店和其他门店最大的区别是什么？我们能给养殖户提供什么样的帮助？让养殖户对我们门店的情况一目了然，明白门店的优势在哪里。

第二讲，我们门店现在正在做什么工作，这些工作能给养殖场带来什么效益，对养殖场有什么好处。对于养蛋鸡的养殖户，门店的优势就是把蛋鸡的产蛋高峰期提高到12个月，养殖户就在想"我目前的蛋鸡的产蛋高峰期才8～10个月，如果能提高到12个月，对养殖绝对有帮助。"养殖户就会对我们的当下干的工作有所期待，合作就会更近一步。

第三讲，未来我们门店要做什么事？未来我们会做能给养殖场带来，非常大效益的事情。未来我们要做做品牌蛋，把现在的商品蛋鸡按照我们要求的饲养标准，产出我们要求的品牌蛋，进行品牌蛋营销，把原来只卖到5毛钱/枚的鸡蛋，卖到2元/枚，以此来提高养殖户的经济效益。

总而言之一句话：我们的存在，能给养殖场带来什么经济效益。

其余40分钟要讲专业知识，如何做可以让肥猪提前半个月出栏；怎么做可以让每头肥猪多挣100元。所有的讲课内容都围绕着如何提供养殖场经济效益，讲其他的内容养殖户根本就没有兴趣。

3. 课后讨论

会后讨论时间一般设计为30分钟，养殖户起初不好意思提问，需要引导，先找性格比较开朗的或影响力比较大的养殖户，只要这些养殖户一开始提问，其他养殖户也会跟着提问。要重视每个养殖户的问题，并做好详细记录，以便于第二天的回访工作。

三、会后跟踪

养殖户在参会时都有客户签到表，会议第二天根据养殖户签到情况，一家一家挨门拜访。针对昨天晚上讲课内容，对每家养殖户进行沟通。

如果养殖户有问题需要解决，那么我们一定要给出书面解决方案。市场上90%以上的技术老师都喜欢用口述解决方案。那么对养殖户来讲，口述解决方案，养殖户的采用率在10%左右，但用书面解决方案时，养殖户的采用率会提高到90%以上。这就是口述解决方案与书面解决方案的最大区别。

给出解决方案之后，问养殖户要不要解决这个问题，需要解决问题那么就需要用药，产品销售水到渠成。

四、会议后续

如果本次会议是本月8号晚上召开，那么第二次会议是下个月8号准时召开。在散会时要给养殖户讲清楚，下个月这个时间还在这个地方。

第三次会议还是8号进行。连续三个月都是8号召开会，到第四个月不用通知养殖户，就会自觉的来到这里开会。如果哪个月不开会，养殖户就会询问，为什么不开会？

如果我们在一个地方连续开上半年，那么这个地方的每一个养殖户都会成为我们的忠实客户。一个月我们能找10个地方开会，每个开会点将会有20个以上的养殖户成为我们的忠实客户，那么我们在短短的半年时间将会开发200个养殖户。

对于一个"夫妻店"来说，他的客户数量在150个客户左右，而突然增加200个客户，等于是门店的客户总量翻了一番，销量也将会翻一番。

所以圆桌培训会是目前客户引流、培养门店"根据地"市场的最有效途径。

☞ 兽药行业中小型会议的会前工作

一提到会议营销，很多经销商朋友都会说："现在会议营销已经没有意义了，会议开得太烂了，邀请养殖户，都不愿意参加会议，所以会议营销的时代已经过去了"。

乍一听确实很有道理，但我们分析过没有，养殖户为什么不愿意参加会议呢？我们每次开会是不是这种情况："这次我们又邀请了某某专家、某某教授，专门讲解养殖赚钱的方案，到时您早点过去"。

养殖户信心满满的，来参加了会议，本来是想听听专家的高见，从而使自己养殖更成功的。结果呢？课倒是没听出什么新意来，货倒没少定。

一次这么搞，两次这么搞，三次还这么搞，养殖户能相信吗？再加上其他门店也这么搞，所以养殖户就总结出了规律："每次开会都上当，次次上当不一样"！开会就是吃饭、促销、订货，没什么意思！

每开一次会议，门店的"信誉度"就下降一次，一旦没有养殖户愿意参加会议时，商家的"信用额度"基本上也就透支完了。所以每开一次会议，都要慎之又慎，切不可随心所欲、想开就开！那种一旦发现最近销量比较小，资金比较短缺了，就立马开会，不按章法的、没有目的的会议就不要乱开了。

每次开会，都要确定好本次会议的宗旨及核心目标，有了目标，会议才会有意义，只有让养殖户真正受益，养殖户才会对我们的会议感兴趣。

开会的目标（以下任选其一）。

（1）推广门店的"大单品"，扩大市场影响力。

（2）树立标杆市场，以此客户或此市场为中心向四周扩散。

（3）扩大产品在当地的市场占有率，打击竞争对手。

（4）门店×周年店庆。

（5）门店年终晚会。

会前的第一个工作：提前20～30天确定会议时间。

定好时间和地点，就意味着本次会议已经确定。确定了会议时间，所有工作人员，才会进入会前准备工作状态，所有的工作才会有条不紊地进行。如果时间没有确定，工作人员会认为时间还早着呢，会议不必着急。

会议成败的工作就是如何引起工作人员的重视（心态），接下来就会进入准备状态。

（1）预算活动费用，设计活动单页，拟定活动方案。

（2）预定参会人数。根据参会人数预算会议的其他进程如费用、物料等。

（3）邀请函的准备，宣传用品（产品条幅、抽纸、不干胶）的准备，养殖户确保在一周内通知完毕。宣传用品发放到位，要在一周之内，让所有客户都知道这个产品，为会议促单做好铺垫。

（4）对邀约的客户，要做好邀请记录。通知参会的客户，晚上再发个短信通知，告知客户详细的会议时间，地点，内容等情况，邀请他届时参加。

会前的第二个工作：会前先收预付款。

邀请人员要有主次，第一波邀请的人员是具有一定市场影响力的客户。提前做好活动单页，在邀约客户时，关系比较好的客户可以直接宣传活动内容。

提前收款，先找可参加预付3万元活动的客户，一个一个去谈。有活动单页等于有标准，否则养殖户会漫天要价。有标准，养殖户只能在现有标准的基础上再要好处，而不是漫天要价。

一般养殖户为了得到更多好处，会先给钱。第一个谈完谈第二个，2万元的谈完，找1万元的谈。

在邀请客户的过程中，要做好市场调研，在当前的行情下，什么样的活动标准（客户的养殖规模，预估参加活动的标准是2000元以下的多还是3000～5000元的多）客户更容易接受，更愿意参与。

个别想额外再要优惠的客户，必须先交钱。在活动当天，所有的客户都是一视同仁，没有任何活动空间，一切按规定来。活动内容应该在邀请客户时根据产品、行情、竞争对手情况等来确定。

会前的第三个工作：会前邀请"标杆"。

在邀请的养殖户中，"标杆客户"（具有一定影响力，和门店关系比较好）要占5%～8%以上。说服这些标杆客户在会议促销过程中起带头作用，先写单子，先交钱，从而鼓动其他养殖户参加活动。

使用公司产品的客户要占25%以上，这些客户可以相互交流产品的效果，起到客户见证"标杆效益、口碑宣传"的作用。

在邀约客户过程中，要确定好最少3个发言人，发言人应当口才比较好、敢说话、有影响力对产品非常认可。在促销活动开始前，这3个人要代表养殖户进行发言。

针对需要发言的养殖户，我们需要提前和养殖户进行沟通，让他先把需要发言的内容讲一遍。如果他不会讲，我们先给他讲一遍，让他进行复述。

如果不让标杆养殖户提前演练一下，大部分养殖户没有大会发言的经验，到会场一紧张，养殖户什么都忘了，这就会导致标杆客户达不到预期的目标。提前演练，标杆客户会场就会很大胆的表达出来。

会前的第四个工作：确定到会人员，确保参会人数。

会议前一天，所有的邀约工作应全部结束，我们要在这一天内把要邀请的客户全部打电话再通知一遍。会议当天早上，统一再用短信通知一遍。

会议前一天业务人员要把活动单页确定好，需要的物料全部准备好。

兽药行业中小型会议会务组架构

每场会议都是一次群体活动，有群体的地方，就要有组织架构的出现，有了组织架构才能使整个活动有条不紊地进行下去，才能达到我们预设的目标。没有组织架构，整个群体就会是一群"乌合之众"，不仅会出现混乱的局面，还会向反方向发展。

想开好一场会议，那么该如何设计会务组的组织架构呢？

1. 主持人

主要负责会议流程的制定及时间安排；负责会议期间会议流程的主持工作，配合讲课老师；负责监督所有物料的到位情况；负责促单环节气氛的烘托。

在这个环节中，很多经销商朋友认为，会议成功与否与讲课质量有关，和主持人的关系并不大。事实恰恰相反，会议目的是为了让客户定货，客户消费是不理性的，大部分情况下是在非理性的情况下产生的购买。

会场氛围，直接会影响客户购买行为，特别是一部分新客户，他们是受老客户影响或带动产生的购买。能调动会场氛围的，只有主持人，所以整场会议促销成功与否，主持人在其中占了30%的比例。

那么邀请什么样的主持人是最好呢？条件允许的情况下，和合作企业自己培养主持人是最好。如果不方便培养，可以考虑聘请专业的主持人，如婚庆主持、迪吧主持等都可以，效果非常好。

2. 会务组长

主要负责会务人员的分工及工作协调；负责和经销商协调沟通事宜；负责会场布置工作。

会议一般都是在厂家支持下进行的，所以，在整个会议过程中要设定这个岗位，专一负责本次会议的指挥。所有参会工作人员都要服从他的调配，统一指挥，统一安排。

3. 授课老师

专业的讲课老师，行业内知名专家，在某一区域内或全国知名，负责第二天的讲课工作。根据各个地区的情况下，邀请合适的老师讲课。

讲课的内容最好是以案例的形式来给养殖户授课效果更好。具体内容设计如下。

（1）当前最流行的养殖问题，描述的越详细越好，图片多文字少，从不同角度凸显养殖问题，问题具有普遍代表性。

（2）针对这个养殖问题，整个演变过程，前期是什么情况，中间是什么情况，最后发展为什么问题。

（3）引起这个养殖问题的原因是什么？是饲养管理问题、还是疫苗问题、还是疾病问题、还是管理情况。

（4）如何解决这个养殖问题。偏方+我们门店的治疗方案。

4. 会务后勤组

负责会议物料的准备；负责会议物料到会场后的核对；负责会议当天物料的使用及摆放。

物料送会场前清点一下，到会场后再核对一遍物料。确定每个物料的摆放位置，会议期间什么时间该用那个物品。

5. 财务组

负责参会人员的签到；负责会议促销期间现金的收取与开票；负责会后与客户账目的核对；负责协助活动执行。

将收据上根据活动单页的金额，提前填好，盖上章，就差客户的名字。目的是：为了防止现场，交款人太多，开票速度太慢。

会前签到的客户，提醒他们可以提前交款有礼品。

6. 促单人员

由合作公司的业务人员或技术老师组成。负责会议期间站队；负责会议期间，会场秩序的维护；负责会议期间的促单；负责午餐期间站队。

站队期间注意观察客户的状态，凡是能认真听讲的、和老师互动的、认真看活动单页的，这些都是目标客户，在促销活动开始时，第一时间主攻的就是这些客户。

每个促单人员，负责一到二桌客户。在确保自己负责的客户都签单完了，再去其他桌沟通。

促单话术："本次活动力度非常大，机不可失，失不再来，一定要把握好机会"。

促单"套路"：不要在促单过程中和客户讲解产品该如何使用。只用告诉客户，"您先订货，之后我给您讲怎么用"。防止我们把大量的时间放在给客户讲解产品上。

表面上客户问产品使用方法及效果是很正常的行为，我们应该回应，但如果我们在促销期间给客户讲完产品，那么就会错过促销的黄金时间段，结果是沟通产品的这个客户也没定货,那就"悲剧"了。

☞ 中小型会议会前一天工作

会议前一天的工作,在整个会议过程中非常重要。准备的工作繁杂而又琐碎,但又必须细致到每一个工作。

会前准备工作。

(1)提前3～5天将会务组人员名单确定下来,并通知到每一位人员,由会务组长负责。

(2)根据会议地点距离远近,提前确定好厂家人员的出发时间,并确定每一位参会人员按约定时间到达会场。

(3)参会人员的服装要统一,可以是大单品的品牌装。经销商可以提前准备一下,不论哪个公司的业务员,只要参加会议,都要穿我们门店的统一服装,彰显门店气势。

(4)物料准备由后勤组负责。提前根据会议需要制定出物料清单,根据物料清单准备物料。物料送到会场后,再有物料组清点一下物料是否都到位,熟悉会议过程中用到哪些物品。

(5)车辆准备,提前2～3天确定好,最好用档次高一点的车,彰显公司实力,让客户放心。

(6)会议促销单页要提前打印好,并提前带到会议室,交给专人保管,以确保会议当天正常使用。

(7)根据开会地点的远近,提前安排,下午5:00前赶到会议地点。在7:00前布置好会议现场,包括条幅、易拉宝、矿泉水、资料袋、抽纸、原料样品、产品样品。

(8)主持人负责调试电脑、音响、话筒、投影仪、灯光、空调、课件等事宜,保障第二天不会临时出状况。

(9)会务组长与经销商沟通养殖户通知情况,检查是否按会议流程要求进行操作;和客户沟通会议流程及操作是否有异议,如果有异议及时协商,防止第二天在会议期间和客户发生不愉快。

(10)讲课老师与客户了解当地养殖规模,用药习惯,讲课侧重点等情况。

(11)财务组要与经销商核对《会议合作模式申请表》,并强调费用出资比例,现金收款后处理情况等。

(12)主持人与经销商沟通会议流程,发言人名单,养殖户姓名,养殖户发言内容等情况。

(13)会议前安排经销商参加沟通晚宴,吃饭不是目的,主要是将第二天会议的所有事情，在饭桌上沟通好。

（14）晚宴结束后，所有工作人员参加会前会。会务组组长安排第二天工作内容和流程。把每个人的工作内容都安排到位，同时让每人必须复述一遍第二天自己的工作岗位，防止第二天出现手忙脚乱的现象。

（15）布置会场要造势，周围全部挂满条幅。

☞中小型会议会当天工作安排

1. 登记

登记人员由公司财务人员组成，一般以女士为宜。要有门店正规的养殖会议登记表，按照上面的要求，详细填写，养殖户姓名、地址、电话、养殖户数量等信息。登记处严禁无人，始终保持有人看管，防止其他人员盗用客户资料。

2. 引位

酒店大门口由经销商和业务员做第一道迎宾，先递烟握手。对养殖户能参加门店会议表示热烈欢迎，同时安排人员带养殖户去会议室；

楼梯门口有会务人员，指引会议室路线；

会议室门口一般由2位女士，从登记处引导到座位。

引导期间先引导前排的座位，依此类推。引导有造势的功效，给养殖户造成一定心理压力，有利于促单。

3. 沟通

每场会议都会出现养殖户到达时间早晚不一。来得早的养殖户要有人员负责和养殖户沟通。

沟通的内容，紧紧围绕本次会议内容进行。例如：我们以解决母猪不发情的问题，要先讲出母猪不发情的原因，我们的产品能解决哪些问题，多长时间能看到什么效果，能解决到那种程度等等。同时要带养殖户观看我们的产品成品及产品原料等。

沟通人员由市场部的业务人员和技术老师负责。

4. 流程

在会议开始前，主持人负责将所有需要参加会议人员，都再通知一遍讲话时间和内容。

5. 站队

参会人员和技术老师在会议开始时，要在会议室两边站成两队，每队三人，轮换上岗。每次轮换1个小时。

站队要标准：不允许看手机，不允许东倒西歪，不允许交头接耳，要站直注意形象。

在自己负责的区域范围内有养殖户说话时，要上前制止，维护会场秩序。

若会场内有小孩哭闹时，要提前准备零食，防止小孩哭闹时间过长。

在养殖户午餐期间，工作人员在会议室前台站成一字横排，直到养殖户就餐完毕。

6. 时间

确定好会议的内容衔接和时间。

7. 发言

合作企业领导发言：合作企业领导要代表公司向与会的养殖户朋友表示欢迎和感谢，承诺公司所有销售的产品都符合国家兽药 GMP 要求，请广大养殖户朋友放心使用，如果在使用过程中，出现质量问题、疗效问题，公司将无条件退换货。

经销商发言：对多年以来一直支持和信任门店的所有新老朋友表示热烈的欢迎和衷心的感谢。讲如何结缘公司，如何利用公司产品为广大养殖户朋友排忧解难，降低养殖成本，提高经济效益。并郑重承诺如果在使用产品时出现任何质量问题，直接找门店，找经销商即可，无条件退换货。

标杆养殖户发言：描述个人刚开始接触公司产品时的心路历程，当时如何思考，思想上如何纠结，最后如何使用，使用后几天看到效果，以及看到效果后的心情，所以今天给大家推荐。

8. 促单

促单人员提前准备好，每人负责 1～2 桌。

在讲课期间注意多观察现场养殖户的表现，听课比较仔细的，认真配合的一般订货概率比较高，促单人员在站队、维护会场秩序的同时，把精力放在观察养殖户上。

促销开始时，一直在看促销单页的客户订货概率高，要及时沟通，及时帮他解除疑惑。

几个人交头接耳议，讨论活动单页的人，一般都有意向，要及时沟通；促单期间经销商是主力军，很多养殖户是看经销商面子定的，所以经销商要在最短时间内转一圈，看哪些有疑问的养殖户，在最短时间内解决疑虑，让他签单。

同时经销商要备 2000 元左右的现金，有些养殖户确实出门没带钱，经销商可以先借给养殖户，记录好借款人员名单。

主持人要不停地宣传，本次活动是公司最大的一次让利，时间短，仅限于活动当天，并郑重承诺如果产品没效果，无条件退款。

促单期间所有人员必须都动起来，全员营销，凡是填过单子的，及时引导上台办理订单手续。养殖户不走，促销活动不停！

9. 就餐

活动结束后方可上餐具，十人一桌，由酒店服务人员安排，根据人数，先少开一桌。等养殖户坐定，不够再开，防止出现每个桌上坐7～8个人，每个桌都不愿意动，最终需要多开好几桌。

开会期间不备酒水，在养殖户坐好之后，由主持人给大家解释一下；

上菜速度要快，凉菜、热菜要一起上，先上一部分主食，如馒头、包子等，防止出现上一盘光一盘；在最短时间内，每一桌上放两瓶饮料；

财务人员在养殖户就餐期间抓紧时间将账目核对完毕，一共有多少人参与活动，定货有多少，收了多少现金，还欠多少促销款等信息整理出来；

会议室留2～3名人员收会场，并将物品放到车上；

其他人员在餐厅前台站成一横排，直到养殖户就餐结束。

10. 送客

养殖户就餐完毕后，会陆续离开餐厅，在第一批养殖户要离开餐厅时，所有站队人员解散，根据酒店情况，每一道门口都要有2～4人，至少要有2道以上的门口欢送；

给养殖户打招呼、握手，站队欢送；

话术："人多照顾不周，请多包涵"。

经销商和业务员在最后一道——大门口。养殖户由经销商和业务员一个一个接进来，那么走的时间，也是一个一个送走的。

要和每个养殖户一一道别，表示"感谢支持，人多照顾不周，请多包涵"。

☞ 兽药行业中小型会议会后的工作

会议成功与否，与会议工作重心分配有关，会前工作占60%的比重，会中工作占10%的比重，会后的跟踪工作在整个会议中占30%的比重。所以会议成败与会后工作有非常大的关系。

一、货款回收与货物推广方案

1. 收款

在会议第二天开始，根据养殖户签订的订单，提前给养殖户沟通，要什么礼品（根据活动单页上的标准，例如2000元送个电饭煲或送10%的赠货，有的养殖户会要电器，有的会要产品）。确定好之后，经销商、业务员开车去养殖户处，以收款为主。在收款的过程中会遇到以下情况：

（1）比较干脆果断之人，情况说明之后，直接给钱的客户。这类客户一般是优质客户，在以后的合作过程中，把这类客户列为核心客户，认真对待。

（2）"最近手头紧，货款再缓几天"。

这种情况分为两种：

一种养殖户确实没钱，但养殖户人品信誉都比较好，可以缓几天再过来。但促销礼品不能放，什么时间收到钱，什么时间送礼品。

另一种客户是信誉比较差，总想占便宜，这类客户要采取一定措施，先把钱交了，产品什么时间用，什么时间送。如果推脱晚几天有钱了再说，可以分批收，先交一部分，晚几天再交剩余款项。促销礼品是什么时间货款交完，什么时间送，坚决杜绝先把促销礼品送了。如果先把礼品送了，最终是人财两空，养殖户也得罪了，货也没有了。

（3）养殖户愿意定，养殖户媳妇不让定。

在拜访这样的客户时，经销商和业务员要配合好，经销商和养殖户谈货款的事，业务员要和养殖户的媳妇谈其他事情，干扰她，防止她在合作过程中干预。

如果干涉比较严重时，业务员从车上拿一些鱼肝油、维生素等一些保健品产品，作为礼品送给养殖户媳妇。一旦她拿了礼品，则反悔的概率会大大地降低。只有养殖户的媳妇不反对定货了，养殖户才敢从家给我们拿钱。

2. 送货

促销的单子最好额度不要太大，以参加养殖户的数量多为目的。这样送货时，一般养殖户定2000～3000元的产品，一次就拿完了。

如果定的额度比较大，等于是将未来2～3个月的货全部拿完了，后几个月就没有销量了，达不到会议的目的。在送货时，一定要将产品的用法用量给客户讲清楚，同时使用产品多少天能达到什么样的效果也要提前告知客户，让客户多观察，多记录。

告知养殖户，公司过几天还要过来回访，公司不是把产品卖出去就不管了，公司还要了解客户使用产品情况，跟踪产品使用结果。

3. 跟单

对于订货的客户，特别是5000元以上的客户，要注意有想提高额度的，要及时沟通和引导客户增加额度。

对于参加会议，但没有订货的客户，在将参与订单养殖户的钱收完后，再对其他参会，但没订货的养殖户，要一家一家进行拜访。了解养殖情况，没有订货的原因，是否愿意再定等。正常情况下还能跟单5%～10%的名额。

二、客户回访的方案

1. 时间

一般在产品送到养殖户处15天左右，这个时间正常情况下养殖户都已经开始使用了。

2. 沟通

一般保健品不像治疗产品那么明显（今天用上，3～5天内就可以看到结果），保健品一般需要对照、对比。在中国的养殖业中，真正比较用心、心细的养殖户不超过10%，大部分养殖户都很少去观察。

所以在给养殖户沟通时，一定要强调产品使用后观察的现象，而不是直接问："×老板，产品使用的效果怎么样？"。如果这样问百分之九十的情况下是"死"定了，一般养殖户的回答是"也没看出来有什么效果"。所以在沟通时使用《客户回访档案表》的沟通方法。

3. 档案

在回访客户时一定要有《客户回访档案表》，"×老板，您用我们的×××产品几天了？"

"用大概15天了吧"

"在您用这个产品的前5天有没有发现鸡群采食量增加，采食速度变快了吗？就是说原来正常鸡群6点左右加料，中午11:30左右吃完，现在10:30左右能不能吃完？"

"感觉差不多呀"

"您再仔细想一想，应该比原来吃的多一点"

"好像有一点吧"。我们在表格上写上，使用5天采食量增加，采食速度比较原来加快。

然后再问："您用到7天左右时，发现没发现鸡群的粪便光滑细腻，粪便中没有料便，另外粪堆是不是比原来小三分之一左右，鸡舍内氨气味是不是比原来小一点""是好了一点"，我们登记上，使用7天后粪堆比原来小三分之一，无料便，氨气味降低。

接着问："在使用10天左右，蛋壳颜色变红，蛋壳变厚，薄壳蛋、沙皮蛋明显减少或消失""鸡蛋这一块变化比较明显，确实次品蛋减少"。我们记录，使用10天后，蛋壳颜色变红，蛋壳变厚，次品蛋减少。

再问："在使用15天后，也就是最近有没有发现蛋鸡的鸡冠比原来红了，特别是早上？""这个没注意观察""咱们可以现在进鸡舍内看看，鸡冠肯定比原来要红"。

把所有的记录全部登记完全后，给养殖户说："×老板，您看这是您这边使用我们产品的反馈情况，如果没有太大的出入，您帮我们签个字，我们公司要客户回访记录表"。养殖户一般没什么大的出入都会给我们签字。

4. 宣传

给我们签过字的养殖户，一般都会认可我们的产品，因为有白纸黑字，他们不会说我们产品的坏话。

我们有这些客户档案表之后，对那些还没有开始使用我们产品的养殖户进行公关。

每到一个养殖户那里，"×老板您好，我们最近在推一款产品，能够延长产蛋高峰期至12个月，减少次品蛋的发生率，降低药费40%，每只鸡多挣18元，您看有没有兴趣了解一下？"

然后再把我们的回访记录表，让养殖户看看，这时养殖户一般都会看得比较仔细，因为他也想了解其他养殖户的情况。

正常情况下，他周边养殖户都用了，他接受的概率会非常高，因为人人都怕别人超过他，别人都用了他没有用这个产品，那么就会有一种失落感，这就是从众心理。

按照此种推销方案，在未来三个月内会有60%以上的养殖户开始使用此产品。

三、大单品跟踪强化方案

1. 时间

产品使用一个月后，针对使用产品的养殖户再次的拜访。目的是引起养殖户的关注。

2. 愿景

第一种情况："×老板您好，最近我们的×××产品还在用着吧？"

"用了20天左右，现在已经停了，"

"哦，怎么不用了，您是怎么考虑的，"

"太贵了，成本太高。"

"关于成本这一块我给您分析一下——

（1）这个产品全程使用，每个月的成本是0.1元/只鸡。

（2）可以节约40%的药费，每个月消输卵管炎药需要0.06元，大肠杆菌药需要0.06元，现在用这个产品，不需要再用这两个产品了，不但不增加成本还能降低药费。

（3）可以减少次品蛋的发生率，正常鸡群次品蛋为0.5%左右，1万只鸡平均每天有50个次品蛋，一个0.5元，每天的损失就是25元。

（4）一只鸡一生可以节约5斤饲料，1万只鸡一批下来可以节约5万斤，1斤饲料按1.1元，可以节约5.5万元。

（5）出栏前20天加倍使用，每只鸡可以增重3两，1万只鸡，可以增重3000斤，每斤淘汰鸡按5元计算，可以增加1.5万元收入。

所以说这个产品就是一个宝贝，一只鸡下来正常情况下能够多挣18元钱，希望您能再考虑考虑还是继续用吧！应该没问题吧？"

经销商说"×老板您看家里货还多不多，再给您送5件过来？"

第二种情况："×老板您好，最近我们的×××产品还在用着吧？""一直在用着，没有停过""好，好，非常不错。是这样的×老板，我们公司最近在做产品使用比赛，凡是用我们×××产品，连续使用超过6个月以上，产蛋高峰期达到12个月以上，都可以参加公司比赛活动。比赛活动获胜者可以免费参加公司组织的旅游活动，同时还有奖金和去全国其他地方给养殖户讲养殖经验。"

3. 颁奖

每年年底门店都有举行店庆，针对这一年当中使用我们×××产品的客户，进行养殖大比拼，获奖的客户要颁发荣誉证书、奖金、奖品等。

奖品的设计额度一定要大，比如我们宣传我们的产品能让蛋鸡养殖达到700日龄，那么针对当地养殖情况，已经达700日龄左右，而且一直用我们产品的客户，选出2～3个比较突出的养殖户，每人奖励1万元现金或电器。

该方案的目的是：让这个"×××产品让蛋鸡养殖到700日龄，有人获奖了"事件形成舆论，一旦形成舆论，那么我们这个产品想不火都难！

☞ 兽药行业游学会的运营方案

游学会的方案是针对超过5万只蛋鸡、200头母猪以上的养殖场。

主要针对大型养殖场，解决大型养殖场市场开发问题。在经销商经营过程中，一般超过5万只蛋鸡、200头母猪以上的养殖场，都不愿意和经销商做生意，因为他们认为经销商卖产品肯定比厂家贵，自己的养殖规模大，直接跟厂家合作最好。所以更多时候是选择和厂家直接合作。

游学会的目的，就是给经销商和规模化养殖场老板创造合作机会。

经销商可以借助兽药厂家组织"养殖沙龙"。就是规模在20～30人的养殖聚会，在这次沙龙中有防疫专家、动保专家、营养专家、管理专家，有这些人，养殖场老板一般都愿意参加。

会议的机会是经销商给提供的，所以这些养殖老板在合作上，就会给经销商面子，从而达成合作意向。

会议的内容设计为：一天为讲课学习时间，一天为旅游，一共两天时间，所以称为游学会。

在第一天的讲课时间，安排上午由2～3个专家老师，每人讲一个板块，每人一个小时的讲课时间。下午安排由养殖场老板和专家互动，每个养殖场有什么问题，都可以直接问，专家给予一对一的进行指导。

晚上安排一个沟通晚宴，加强专家老师、养殖户和经销商三方的关系，为经销商和养殖场老板之间的进步合作关系铺平道路。

感动营销方案：

当养殖户答应去参加养殖沙龙后，我们要提前做好准备工作。我们入住的酒店不一定是星级的，但我们的服务必须超出星级。

案例：2014年9月，洛阳黄总组织了一次养殖沙龙，当时邀请了规模在100万只/年青年鸡场老板12位，规模在6万只以上商品蛋鸡老板6个，3万只蛋鸡场老板1位共计19人。

下午4:30从洛阳出发，晚上6:30到达金鼎酒店。晚宴结束后9:00，当养殖老板都在房间内，黄总亲自敲开了每一个客户房门，然后送上我们为客户精心准备的价值56元的毛巾、19.8元的牙膏、11元的牙刷及其他各种洗刷用品，然后说："酒店的洗刷用品不一定干净，这是给大家准备的洗漱用品，都是消过毒的！"。

第一次敲房门时养殖户是没有感觉的，只是感觉黄总这个人心比较细。

间隔了10分钟，黄总又敲开了养殖户的房门，这次有的客户就不乐意了："还让不让休息了，一次又一次的敲门"。正当客户烦躁时，黄总马上递上了一份非常大的果盘，里面有河南及周边其他省份的特产：新郑的枣片、蜜饯，甘肃的人参果，火龙果等一些平时很少见到的水果，然后说："平时很难把大家聚在一起，这次聚一起，我让郑州的朋友买的一点特产带过来给大家尝一尝"。

在这种氛围下，有的养殖户当场就被感动了："太客气了，太客气了，黄总做事太用心了"。这就为后面的销售做好铺垫。

第二天上午，有专家讲解养殖各个环节，每个专家讲1个小时。下午和晚上都是茶话会。每一位养殖老板有什么困惑都可以提问，专家一对一地讲解。这次会议养殖户非常满意，找到了想要的答案，收获都是满满的。

第三天上午去开封旅游，游览清明上河园等几个景点。在旅游的整个过程，黄总一直都在为养殖户服务，每个养殖户都照了好多照片，有大合影，有单独照，有朋友合影。旅游完下午返程，每个养殖户都有一份当地的特产。

在本次沙龙结束后3天内，黄总对每家养殖户都拜访到。同时将每个养殖户在旅游时的照片全部冲洗出来，每人一个相册，每个相册都有30～40张照片。

送到客户处后客户都非常感动。事后根据黄总描述，在游学会之前只有3个养殖户跟他有合作，在1个月之内所有的养殖户全部有生意往来。这次游学会非常成功，所有客户全部拿下！

客户开发方案：

在游学会中，最关键的就是给经销商和大型养殖场老板提供了接触和交流的机会。

每场游学会，每个经销商一次最多也就邀请3~5名大型养殖场老板，这样保证会议效果最佳。

可以想象一下：经销商和养殖户在来、回的路上一般需要将近两天的接触，专家讲课交流一天，旅游私下接触一天，整整四天时间，如果我们还搞不定，那么我们也不能说经销商朋友笨，只能说您和养殖场老板缘分没到，时机还不成熟！

成交篇

> 故事营销可以解决人们对确定性的需求。
>
> 现实社会的不确定性给人们的生存带来了很大的挑战,所以人需要确定性,故事正好就满足了人在心理上得到确定性的需求。
>
> 在故事里,我们可以利用移情认同的方式,来打动客户的情绪。在现实社会中,人们的很多愿望和需求都是无法得到满足的,但通过故事中主人公的成功事迹和经历,可以满足人们对成功的渴望,从而引发客户对产品的需求。

六、故事化思维

☞故事化思维设计公式

任何的故事都有一定的目的和意义，有的是教育人们明白某个道理，有的是让遵守某个约定，有的在警醒世人，有的是教人向善，等等。总而言之，任何一个故事都不是无缘无故出现的，都是带有一定目的性的。

今天要学习的就是如何在商业上讲好自己的故事，通过故事打动客户情绪，让顾客在情绪渲染下产生购买的欲望。

麦基在《故事经济学》中讲到，一个能赚钱的营销故事，不仅是一个好故事，更要带着明确的商业目的和营销技巧，只有产生业绩，实现销售目的的故事，才是真正的好故事。

每一个故事高手，他们演讲的故事都带着明确的商业目的。只不过，他们把这些目的藏得很深，让听众以为自己只是欣赏了一个故事，殊不知，自己的内心早已被故事感动，从而演化为消费欲望，已经在不知不觉间被调动起来了。

"褚橙"就是一个很好的例子，我们是通过对褚时健个人的奋斗故事，而被打动情绪。把他的奋斗精神，作为自己学习的楷模。把他的奋斗经历，作为虚拟自我的奋斗史。对故事的喜爱，转化成对"褚橙"的喜爱，产品在故事精神转化中，被热卖。

那么，应该怎么讲一个适合营销的、能赚钱的故事呢？麦基给出的故事创作方法，为"1+3"模式，也就是一个基础公式，加上三个核心要领。

一个基础公式，就是"冲突颠覆生活"。

一个营销故事，首先得是一个好故事，而一个好故事，必须满足这个六个字。

麦基对好故事的基本定义为："冲突颠覆生活"。有了这个核心，我们就找到了讲好一个故事的基础。

对企业来讲，仅仅是把故事讲好还不够，还要把它升级成一个能赚钱的营销故事。让故事打动客户情绪，让客户因为故事而触发购买行为。

我们先看一下一只口红的故事：

他从没想过她和他分手竟是因为一支口红。

上学时校园流行两种感情：一种是为了爱情选择贫穷的精神之恋，再一个是因为金钱选择物质的婚姻，她选择了前者。大学毕业后，她应聘到一家公司做文秘，1年后，她和他步入了婚姻的殿堂。

一支口红使一个婚姻走到了尽头。

新婚的最初是幸福甜蜜的。可是，没多久，这种平静就被破坏了。作为文秘的她经常同经理参加各种会议和酒会。一次商务洽谈会，双方代表围坐在圆桌前商谈有关事宜，她同往常一样做会议记录，当她拿起纸杯轻呷一口茶时，一个鲜红的唇印印在了杯沿上，她十分不好意思地将沾了口红的那一面转向自己，生怕被别人看见耻笑自己。

然而，这一幕还是被对方的女秘书发现了。招待宴后，她去洗手间洗手，碰见了那个女秘书。女秘书说："你口红的颜色很漂亮，只可惜印在杯上就不太雅观了，我们做秘书的代表一个公司的形象，是不可以用那些廉价口红的。"在她转身关上门的瞬间，泪从她的脸上流了下来。

婚后，为了住上更舒适的房子，攒钱成了他们生活的重心。她的衣饰和化妆品只占了日常开销的极少一部分，口红多是10元左右一支的，她从没有在乎过它的价格，只觉得青春是骄傲的资本，但是今天她严重地感觉到自尊心的受挫。

她没有给他讲起这件事，只是再同他上街时，她发现自己的心情明显地不同了，她和许多女孩子一样，都有虚荣心得不到满足的失落感。有时她甚至想大学时，那些因为金钱选择婚姻的女孩子是明智的，因为她们不必遇到像她这样的尴尬。在心里她开始埋怨他的无能，但她没有告诉他，她同他可说的共同语言越来越少了。她的这些变化没能逃过他的眼睛。

有一天，她同他路过一家豪华商场，正巧碰到搞化妆品促销活动，热情的小姐拉住了她，为她介绍一款法国知名品牌的口红，口红涂在她的嘴上生动靓丽，最大的优点是不褪色、不沾杯，这令她十分心动，她几乎下定了决心要买它。他看出了她的心思，掏出皮夹问价钱，小姐说活动期间8折销售388元。他的手突然愣在了那里。他看了她一眼，她立即有一种受伤的感觉，转身挤出人群，他在后面追她，她和他发生了第一次最伤彼此自尊心的争吵。一支口红，让她觉得她和他的婚姻走到了尽头。

拥有了口红但没能拥有幸福。

不久，他们离了婚。后来，她嫁给了一个商人，在她结婚那天，他送给了她一份礼物，她没有拆开便将它放进了抽屉的角落，她不想再记起这个曾带给她伤心的人。

新的婚姻带给她极大的物质满足，她终于过上了她想要的生活，从衣服到化妆品她用的没有一样不是名牌，一双鞋一件衣服常常成千上万元，挥霍金钱成了她的快乐。丈夫常常早出晚归，有时甚至彻夜不归，他对她的解释永远都是忙业务。

有一天，她从丈夫的衣领上发现了一个鲜红的唇印，所有关于丈夫晚归的谜底都揭开了。她质问丈夫，丈夫一把推开了她并厌烦地说："你安心做你的太太就行了，别的事最好少管。对于现在的位置，你应该满足才对，不要耍你的高傲，你当初同我结婚还不是看上我的钱，想过富足的生活？"

说完丈夫摔门而去，许多天都没有回来。她在丈夫眼里不过是个寄生虫，她苦笑。她失去了她的第二次婚姻，但是她不后悔，因为她找回了一个做女人的自尊。

在整理衣物时，她发现了被她扔进抽屉的她结婚时他送的礼物，她拆开包装纸，竟是那天她同他在商场看上的那支口红。卡上写着："我从没想过我们分手竟是因为一支口红，这令我想起来还心痛，那些曾经的海誓山盟都成了过眼云烟了吗？失去你是我今生无法愈合的伤痛，但是现在再说这些已没有任何意义，还是祝福你新婚快乐吧！"

"愿这支口红带给你好运"。

她将口红装进包里，在关上第二次婚姻大门时，她没有丝毫的留恋。

后来，她无意在一次电视专访中看到了他，他已是国内有名的化妆品经销商，主要以经营口红为主。当主持人问他为什么用口红做主打品牌时？他无限地伤感："因为没有人知道，我曾因一支口红失去了一段婚姻。那支口红其实只有388元，但是当时我很穷，没能给她买。"

"我不知道那支口红对她的意义，她曾因一支廉价的口红唇印印在杯沿而遭人耻笑，这极大地伤害了她的自尊心，所以对那样一支不沾杯的口红是十分向往的。我却不知道，直到她结婚的前一天才听她的一个好友说起，所以我买了那支口红给她，但是一切都太晚了，她已经是别人的太太了。从那天起，我便决定经销口红，那种不沾杯的，能被大多数女孩子买得起的……"

泪在她脸上一行行地滑落下来，一滴一滴落在他送给她的那支口红上。

这就是众所周知388元/支口红的故事。

这个故事里，除了"冲突颠覆生活"这个基础核心之外，还有三个支持点，分别是移情认同、负能量引导和不满足感。

1. 移情认同

移情认同的意思是，让观看故事的人，把故事中的人物情感转移到自己身上，必须要让目标消费者意识到他和主角之间有共同之处，最好让消费者觉得故事里的角色和我是同一类人，所以他需要的东西，一定也是我需要的。

例如一个普普通通的上班族，他的真实状态可能是普普通通，每天过着朝九晚五的生活，但是，假如你按照这个形象去塑造广告中的人物，这个广告是不会成功的，因为在这个白领自己看来，他并不是这样的，他觉得自己一定是芸芸众生里最特别的那一个，只不过怀才不遇、时运不佳而已。

口红的故事：自己的现在的处境或以前的处境和主人公很相似，都是穷困潦倒、怀才不遇，因为穷自己失去了很多东西。为了自己失去的东西，自己肯定要努力，那么自己也会想主人公那样，最后是会成功的。主人公的经历就是自己的缩影。

我们必须按照消费者内心的自我形象，来塑造故事的角色。或者说，在塑造角色的时候，我们需要把每个打油诗人，都当作成名前的李白来对待。

化妆品广告一直都是这方面的高手，几乎所有化妆品广告中的主角，在一出场时就已经很漂亮了，即使不用化妆品，她们也足够美，而用了化妆品之后就会美得夸张，就像被"PS"过一样。

之所以会有这种角色设定，就是因为大多数女性消费者都认为自己长得还不错，只是缺少一款合适的化妆品而已。这是第一个要领，移情认同，要按照消费者想象中的自己来塑造角色，不要按照他们本来的样子来塑造角色。

2. 负能量引导

所谓的负能量引导是指要找到顾客真正的痛点。为了切入这个痛点，我们必须先利用负能量在消费者的防御心理堡垒上撕开一道口子。

口红的故事，顾客的痛点：就是因为太穷，所以连388元的一支口红都买不起，而导致女友离自己而去。

我们所说的负能量，指的不是丑陋邪恶，而是那些还不够好、有些缺憾的东西。

用在广告业上，例如：运动功能饮料的广告，我们会看到，篮球场上的姚明因为运动过量，所以神态疲惫、精神萎靡，但喝完某种饮料之后，他会变得精力旺盛，充满冒险精神。

这种转变就是一个把负能量转化成正能量的过程，而转变的关键就在于你要推销的商品。负能量引导的本质，就是抓住消费者需求的痛点，然后从这个痛点切入故事，完成讲述，这是第二个要领。

3. 不满足感

我们一直都认为，故事的结尾必须要让人心满意足，否则就变成了挖坑，但《故事经济学》告诉我们，一个成功的营销故事就需要挖坑，消费者在故事的结尾一定不会得到满足，只有他们看完故事并且亲自购买了商品之后，才会得到满足。

这也是营销故事成功的原因。要想实现这个效果，要给故事设置一个半开放性的结尾，也就是，你明明知道故事的结局一定会这样，但广告里就是不给你演出来，这个结尾一定要让观众自己去亲身体验。

一只口红的故事，在最后的内容里，没有写主人公双方是否复婚，但很多听众肯定会想到，他们两个最后一定会复婚，因为复婚的条件非常成熟。这就是给观众留下想象的空间，在故事里找不到结果，那就在自己的真实世界里去找。

"人头马一开，好事自然来"。广告主角是一位精英男士，随着他开启酒瓶，一位婀娜的女士走到身边，暧昧地一笑。尽管我们都知道，接下来一定是一场浪漫的邂逅，但广告偏偏到此打住。

这时，很多消费者都会觉得这个故事没讲完，更重要的是，他们都想去亲身体会这个故事的结局，于是，大家纷纷去买这款酒，期待着开启的那一刻好事自然来。

这就是营销故事的第三个要领，开放性的结果，造成听众不满足感，让观众自己去完成这个结果，推着观众去购买产品，亲自给这个故事画上句号。

这就是我们要讲好一个故事，要设计好一个核心点"冲突颠覆生活"，再加上三个基本支撑点：移情认同、负能量引导和不满足感。

故事营销案例

我是2004年毕业于郑州牧专，刚毕业的我和大多数师兄、师姐们一样，都怀揣着一个梦想，梦想有一天自己能"五子登科"（2000年最流行的一种说法：车子、房子、票子、妻子、孩子）。带着这样的梦想，我们这一届毕业生，踏入了畜牧行业。我也是其他同学一样，从实习生做起，先做技术员，后做业务员。

这一切都是因为一次回南阳老家探亲而改变。2006年7月回南阳老家，在一次酒桌上闲聊时，谈到兽药行业目前利润比较可观：投入50万元，年收益可达到200万～300万元。

和父亲关系比较好的村长，更是非常热心。最后协商，由村长的妹妹出面投资，我以技术入干股30%的形式，组建了一家兽药销售公司，找了一个生产企业代加工产品，销售管理由我全面负责。

我当时感觉自己真的太幸运了，感觉老天对我太好了，刚毕业2年就有了自己的公司，还占了30%的股份。人生太美好了，感谢上苍对我的眷顾。

运作了8个月时间，月回款量50多万元，单月盈利在11万元以上。村长一看开始盈利了，就开始着手回收公司的管理权。然后公司内部矛盾就不断，最后发展到我宣布退出。

我退出的条件是：兑现给我承诺的30%盈利分红。公司承诺说，可以，现在还有两个月时间就年底了，到年底给你结算。

本来很简单的事情，结果涉世未深的我还是中招了：公司承诺给你30%的股份，那么荣誉与共、风险共担。赚钱给你分，赔钱你按比例也需要承担。公司是我管理的，一直都是赚钱的，所有我毫不犹豫地就答应了。

结果在年底算账时，本来盈利的企业，结果出现了亏损。我不相信，就去查账，结果发现：11月、12月，2个月销售了130多万元，进原料库存120万元，包材10多万元。这样全年算下来，不但不盈利，还要亏十几万元（原料和包材公司不算作利润），按照规定，我不但拿不到分红，还需要再拿给公司5万多元。

村长以职权之便，在村里面宣传说是我把他们这些农村人，骗到郑州做生意，公司一年亏损十几多万，现在又想骗他们5万多元。开始给我父母施加压力，不明真相的村民，纷纷出来指着我父母，说没有教育好自己的孩子，怎么能贪图别人的钱呢？

父亲见人就辩论，告诉别人不是这个样子的，但没有人相信他。最后在村里任小队长的父亲，辞去队长职务，坚强如磐石的父亲，整日唉声叹气。母亲整天是郁郁寡欢，以泪洗面。

村长在2007年，大年三十这一天，带人来家讨要这5万元。母亲再也顶不住压力，于当天下午突发脑溢血。最后在民警的协调下，才让我把母亲送到县人民医院。

一家人守着昏迷不醒的母亲床前，无言以对。父亲一夜之间，头发白了很多，也苍老了很多。都说戒烟难，父亲在一夜之间，烟酒全部戒掉！

母亲昏迷了四天，我也整整想了四天。我当时就在想：如果母亲醒不过来，我该怎么办？怎么办？如果母亲醒不过来，等于是我亲手把母亲逼死了！我该怎么办？是因为我开公司，把母亲害了，那我一辈子都不会原谅自己的！

整整四天时间，我一下子明白了很多。明白了在这个世界上，只有锦上添花，根本就没有雪中送炭；明白了企业股份合作的很多问题；明白了要生存必须懂得人性……

一夜之间，我再也不是那个刚跑业务时，经销商货款已经让物流代收了，还追着经销商问："物流代收，那货款谁给"的莽撞少年。

四天时间，我一次次的梦见母亲醒过来了，梦见小时候和母亲相处的点点滴滴，梦见母亲昏迷只是给我开个玩笑……

万幸的是，母亲在第五天醒过来了，我当时的心情无以复加，根本不知道怎么形容，真的感谢"老天爷"再次眷顾我家。

然而事情并没有结束，2008年元月8日，事业单位第一天上班，我接到乡派出所的电话，让我去乡政府一趟。我和父亲两个人，到乡政府后，不到半个小时，有300多名"少数民族"人员，把乡政府给围困住。声称："现在已经不是公司内部矛盾，而是汉族欺负少数民族的问题"，要求政府给个说法。

我第一次见到这种场景，当时很害怕。所幸的是派出所所长，跟我说："你就跟着我，如果他们敢打到你，肯定会先碰到我。碰到我的性质就完全变了，你不用害怕"。

经过一天的围困，宛城区书记不得不出面，把我和父亲叫到办公室，就说："小伙子，你上了几年学了？"，我说："一共上了十几年"。"那你给家乡做过什么贡献？"我说："没有做过"。"那你拿几万元，为家乡做点贡献，有没有难度？"我说："我有点冤枉……""冤枉不冤枉，就当是个教训吧"。

一场浩劫，在父亲东拼西凑和各方说和下，以我给对方4万元"30%股权义务"下，草草收场。

2008年真的是度日如年，母亲住院，我儿子面临出生，再加上外债，压得我是喘不过气。从哥哥那里借了2000元，交完生孩子的住院押金，口袋里就剩20多元钱。口袋里有两张银行卡，一张里有45元，一张里有86元。想取来，发现自动取款机上，只能取整百的，只好放弃。

在安顿完媳妇的住院手续，我在回家拿东西的路上，我没有坐公交车，步行走在城市的繁华大街上。外界的繁华、喧闹和我无关，我在思考未来；在思考等孩子出生后，我给他创造一个什么环境？在思考父母跟着我受这么多的苦，我该给他们创造一个什么样的环境？

一个下午的思考，让我又重新树立了方向：我要为家庭而战！我要为事业而战！我要为不再缺钱而战！

2008年9月，在媳妇还在"月子"期，我就是开始拼命找工作。在工作期间，什么工作我都能接受，什么活我都愿意做，每天工作十几个小时，根本没有什么感觉，整个人就像一台机器。为了提高个人能力，我在三个月内把《兽药手册》这本书背下来，然后出任一家兽药公司的技术部经理。

通过三年的努力，我还清了所有的债务。同时面临着再次的选择：我是走技术路线，还是走营销路线？

最后我决定走营销路线，于2012年进入了另外一家兽药企业。那家企业当时的现状是：销售人员三个人，月销量在5万元左右，除了生产厂之外，可以说是要钱没钱，要人没人，企业财务状况是一贫如洗。

不论企业状况如何，我坚信只要肯努力，终有出头日！

通过5年的打拼，企业由原来5万元不到的业绩，做到2016年集团总销量突破1.2亿元；人员由3个销售人员，发展到500人；销售部门拓展到6个；年盈利达到2000万以上！

在这5年间，我经历过生产厂长、兼任发货司机1.5年；办公室主任1年；兼任企业营销顾问5年；网络部总经理2.5年。5年时间，没有星期天，没有节假日，在我眼中，除了工作还是工作。每天从早上 6:00，到晚上 11:00，五年如一日。

五年的辛苦付出，也换来了应有的回报。5 年时间，企业发展的每个环节都经历过，增加了个人阅历；5 年时间，也让我从莽撞青年时期，步入了睿智中年！五年时间，一个从 5 万元到 1.2 亿元营业额转变的知识积累，让我的眼界更加开阔。

特别是 2015 年 10 月我参加了一场钟飞翔老师的培训课。这场培训，对于我个人来说，是一次非常大的转变。当时钟飞翔老师提出来：一个人，要想成功，必须要通过知识的积累，知识积累到一定程度，那么一个人一定会腾飞。

当时就是受到这样一段话的感召，我开始试着看书，从此步入了我个人快速学习时代。我每天都保持看一本书的习惯。2017 年共看了 300 本书，2018 年开始在"得到"听书软件上听书，一年听了 1349 本书。

2017 年 7 月，受富源集团董事长陈星全老师的一句话"人生必写一本书"的影响，2017 年 7 月 11 日开始起草《再造兽药经销商优势》这本。把我从业 14 年的兽药销售经历，站在运营企业的高度，对兽药门店运营一些看法写下来。经过一个多月的努力，终于于 8 月 25 日印刷第一版。

我就是一个草根，没有太高的学历，没有强大的背景，更没有行业大咖的推荐和支持。但我有我的坚持和梦想，我坚信付出总有回报！在写第一本书时，有人劝我说："就你这种水平，还写什么书呢？"

我没有受到影响，是因为我坚信：只要我肯努力，肯下功夫，肯坚持，把我个人的优势提炼出来，长期坚持下去，就一定有未来！

十年前，我的人生走入了最低谷，但我坚信：只要我肯努力，不论向哪个方向前进，我都是在向上走！

十年的时间，每天我坚持十几个小时的工作量，我坚持下来了，十年如一日。

十年前，我负债累累。十年后，我开着自己的车，住着自己的别墅，已是两个孩子的父亲……

十年时间，我用自己的努力换来了自己想要的一切！

十年磨一剑，不死终会出头！

2017 年，我又站在了人生选择的十字路口：我是选择组建公司呢？还是选择帮助经销商运营门店？

经过三个月的思考，最终我选择了：未来 20 年，我将所有的时间，奉献给兽药经销商。在未来 20 年内，我要帮助 1000 家兽药门店，成为当地的区域霸主！

这就是我的梦想，也是我的选择，更是我的决心！我坚信，在未来的日子里，只要我坚定目标，全力以赴的努力，以命相搏的勇气，一定可以实现目标！

2017—2019年,我一共拜访了兽药企业老板118位,畜牧行业内知名专家21位,兽药经销商563位。通过这些企业家、老师、经销商的沟通交流,对兽药门店运营又有了很深的理解。

结合我自己有"企业从困境走向辉煌"的经历,于2019年1月起草《兽药门店运营100个经典套路》这本书。

这本书从兽药行业发展的以产定销阶段、狩猎时代、农耕时代三个阶段谈起,每个阶段养殖户需求的不同,来引导门店转型升级。

针对兽药门店当下遇到的:市场欠款已经成为普遍现象,而且越积越多,严重影响门店经营;门店产品价格趋于透明化,利润越来越低;养殖规模变化,大型养殖场不愿意与经销商合作,客户流失严重,新客户开发速度慢。

销售队伍建立不起来,始终以夫妻二人运作为主导,不懂管理,不懂运营;缺乏门店品牌建设,同质化严重;销量下滑严重,赚钱越来越难等六大问题为基础,系统的讲解了兽药门店运营法则。让每个有理想、有抱负的经销商都有机会晋级"千万级"经销商!旨在为兽药门店运营提供一种思路、一种见解、一个角度,希望能够帮助到更多的经销商朋友!

这是2019年3月28日我个人写的自己的人生故事,也是为《兽药门店运营100个经典套路》写的营销故事。故事的真实性是基础,按照营销故事的步骤,才会出来应有的效果。

七、人性之归属感（权威原理）

> 由于人们对安全感的需求，希望能够找到归属感，所以会模仿领导者的行为，甚至模仿领导者的购买习惯。用模仿领导使用某个产品的行为，来满足内心对成功和安全感的需求、对权利的渴望。明星广告利用的就是粉丝对明星的爱屋及乌，引发的购买行为。

☞权威对个人决策有什么影响

你有没有遇到过这种情况：

在我们生活之中，有哪些特征可以称为权威呢？具体上讲有以下三种。

1. 头衔

也就是我们经常所说的职位和职称。职位一般指的是具有管理职能的一些岗位，例如政府机构的一些执政人员，掌握着某一方面的管理权。

职称是指具有权威机构认可的一些身份证明。例如教授、博士、院士等，虽然没有管理权，但是代表某一方面的权威身份。

还有一些明星和网络"大V"，他们的身份都会对民众产生一定的影响力。

2. 衣着

衣服着装代表着某种身份，也代表着在某一方面的权威认知。例如，医院的白大褂，是医生和护士的标配，代表着在疾病诊断和护理方面，具有一定的权威知识。

因为某些事情发生争执的两个人，本来是剑拔弩张，马上就要开战的局面，结果看到警察的到来，立马消除动手的准备，改为辩论策略。

3. 身份标识

哪些可以代表身份和地位的一些附属品。例如，身上戴的珠宝、名表、名包等，豪车、别墅等，可以代表资产和实力的一些物品。

这三种形式，都可以达到权威的影响力。都可以利用权威的形式，在销售上对客户产生影响。

权利如何分配

我们都知道头衔是指具有管理职能的职称，那么头衔的权利是怎么形成的？那么什么样的人会获得权力成为领袖？而什么样的人会成为追随者？权力是按照什么规则进行分配的？

成为领袖应该具备的必要条件：

1. 拥有强烈的权力欲

通俗来说，就是那些野心勃勃的人。从来不满足于现状，从来不认为自己的权力该有一个限度。这种性格在历史上那些征服者身上很常见，比如西方的亚历山大大帝、凯撒、拿破仑，还比如中国的秦始皇、汉武帝等。这些人的一个共同特征就是永不满足，渴望得到更大的权力，征服更广大的领土。

2. 拥有无与伦比的自信心

一定要是超出常人的自信，这种自信是发自内心的，是"天生"的傲骨。因为只有这样的自信才会让领袖在征服的过程中始终保持勇气。

这种自信心的来源：一种是来自身份和家世，比如那些贵族。贵族为什么更容易成为领袖呢？这样的人来自豪门大族，看过自己的祖辈是如何发号施令的，因此知道运用权力的感觉，这种家族传统会给他们强烈的自信心。

信心还可以来自已有的成功经验。这种成功经验会带来良好的自我感觉，并让他相信自己接下去还会继续取得胜利。

自信心还会来自信仰，这个信仰说的不一定是宗教信仰，政治信仰也可以。他说信仰会让这些人觉得自己是被上天选中的天之骄子，命中注定要去做伟大的事业。这会给他们非常强烈的自信心。

3. 拥有非常突出的能力

那就是操纵大众，让人跟随和服从的能力，具体来说就是操控追随者的情绪。

领袖操控追随者的情绪分三个步骤。

（1）制造假想敌，并夸大敌人的厉害，这样会让追随者感到恐惧，一旦他们感到恐惧，会不由自主地渴望得到拯救，就需要英雄和领袖。这是领袖产生的基础。

（2）夸大敌人的邪恶，激发起追随者的仇恨，这会让追随者产生斗志，才愿意跟随领袖去从事某项事业，不管是创业也好，还是打仗也好。

（3）让追随者看到希望。只有让他们看到获胜的希望，追随者才会更加信赖领袖，也才会更有干劲。

追随者并不是天生就愿意被领导，他们也一样渴望获得权力。那么追随者有什么特点呢？

（1）追随者一般在能力上相对弱小，所以他们自己没有能力单独获得权力，只好寄希望于领袖。一旦帮助领袖获得权力，追随者自然也能分一杯羹，获得二手权力。我们可以说这是一种投机心理。

（2）追随者还渴望获得安全感。具体来说，就是通过跟随一个强大的领袖，把自己的命运交给他，这会让追随者们获得一种安全感。这乍听起来好像有点古怪，但实际上很容易理解。

一个相对弱小的人要为自己行为或者未来负责的话，他会感到焦虑或者恐惧，但是，现在他把自己的未来甚至生死都托付给他人，尤其是一个他认为强大的人的时候，这样他就不用为自己负责了，就感觉踏实了。

（3）移情认同。具体来说，就是只要领袖获得了权力，他也感觉自己获得了权力。他既把自己的一切托付给领袖，又会在心里深处把领袖的一切成功都当成自己的。

关于这个安全感，我们还可以补充一点，就是追随者不仅从领袖身上得到安全感，还会因为跟其他追随者在一起而感到安心。

我们了解到权利的产生之后，那么对我们销售有什么作用呢？

今天我们所说的网红经济，走的就是这一条路线。不管是美女直播，还是专业知识讲解。借助抖音、快手等平台，建立自己的粉丝群，利用粉丝的移情认同心理（粉丝自己很想成功，但自己的条件及实力都不具备，没办法，只能找一个和自己有相同点一个网红，把他的成功，看作自己虚拟的成功的这种心理，称为移情认同），可以起到销售产品的作用。

网红经济中的粉丝，这么疯狂的追逐网红，其所有特点都符合追随者的全部特点：自己的实力不具备；想找到归属感，因为自己也有这方面的爱好，也希望更多的人认同，但自己实现不了，只有在网红这里能够得到实现；移情认同，把网红的成功，看着自己虚拟的成功。

那么对于我们兽药门店该如何利用权威销售呢？

案例：经销商赵老师想开养殖户的圆桌会议，但存在一个问题，就是养殖户不愿意来参会，怎么办？

通过研究发现，在当有一部分有影响力的"意见领袖"。什么是意见领袖呢？就是这个养殖户本身也不是什么领导，但他说话就会有五六个，甚至十几个养殖户都听他的。他用谁家的饲料、疫苗、兽药，其他的养殖户就会用谁家的。

最后就找到当地比较有影响力的王老大，提前给王老大带了一件酒，告诉他我们最近想开个会,想请他帮个忙。王老大一见带了礼品,就同意了:"后天中午吧,大概可以来20几个人。"

后天上午我们就带着电脑、投影仪、宣传资料就去开会了。结果去的有点晚了,按照养殖户正常的习惯,一般都是11:30左右到,结果有王老大的召集,养殖户9点多就到了。

到会场一看,酒店是王老大帮忙定的(自己家的一个亲戚,但酒店规模可以),饭菜标准也是养殖户自己定的,想吃什么自己点什么。酒是我们带的,农村自家酿的纯粮酒。

我们到现场后,条幅时养殖户帮忙拉的。有养殖户一看,宣传资料还没有装袋子,就问这些是不是发的?我们说是的。有养殖户就帮忙把资料装到袋子里,然后你一袋,他一袋,帮忙把资料发下去。

讲完课,到吃饭的时间,养殖户都坐好了。王老大就发话了:"咱们今天定个基调,每家几件?"因为王老大知道,如果大家今天每家定2件,我们额外再给他送2件,如果每家定5件,我们额外再给他多送5件货。

这就是我们利用权威,产生的营销的效果,比单纯的促销效果要好的太多。

☞ 与权威人士接触技巧(案例)

在我们门店运营的过程中,会有这样一种人:他虽然不是村里的领导,也不是什么技术权威,但他说的话和他的意见总能影响到一部分人。

他的周边总有3～5个,十几个养殖户相信他,他用谁家的饲料,这些养殖户也用;他用谁家的疫苗、兽药,其他养殖户也用那一家的。我们称这个人为"意见领袖",就是指能领导大家的意见的人。

那么"意见领袖"和我们门店运营有什么关系呢?我们想象一下,每个"意见领袖"周边,都有一部分养殖户相信他。我们想让这些养殖户参与我们的促销活动、购买我们的产品,那么只用搞定这个"意见领袖"就可以了。这就是典型的"擒贼先擒王",搞定一个人,影响一大片。

如果我们门店有20个"意见领袖",每个"意见领袖"周边平均有8个人,那么门店就会有160个忠实客户。"意见领袖"就是我们门店的组织架构,是构成客户体系的框架。有了意见领袖那么我们就不再是一对多了,而是借助这个客户框架,把所有养殖户都拢到我们门店,成为我们的忠实客户。所以"意见领袖"在门店的运营过程中,起着非常重要的作用。

既然"意见领袖"这么重要，怎么才能结交更多的"意见领袖"呢？

具体操作步骤如下。

在新开发的客户区域，通过询问养殖户，找出这个村中谁的影响力是最大的，寻找1～2名"意见领袖"。询问养殖户的方法是最快的，也是最准确的，效率非常高。

找到意见领袖之后，又该如何接触"意见领袖"呢？

找到"意见领袖"后，我们设定3次以上的拜访程序，每次拜访都带不超过100元（如果我们带礼品比较大，例如超过500元，很容易给客户造成一定的压力，让他感觉我们有目的性，从而提高警惕性，导致我们目的达不到）的礼品。

接触2～3次，拉好关系，每次去不谈产品和合作，只谈学习和请教。3次之后，"意见领袖"就说了："我已经和某一个兽药门店合作着呢，暂时不需要产品"。

我们说："我们过来的目的不是让你购买我们的产品的，我们拜访您有两个目的：第一听说您在养殖这一方面做的非常不错，我们确实是慕名而来的；第二我们想让您帮我们组织一下养殖户，就是您村周边的有十几个人就可以。我们想开一个小型技术推广会，想借您的宝地一用，找个可以开会的地方就行。

有一点可以向你保证，我们在会议期间是绝对不销售任何产品的，只讲技术。我们遵循的原则是，不请客也不卖产品。您看您这边方便吗？"

正常情况下，90%以上的"意见领袖"，在不影响他的利益情况，是不会拒绝的。之后我们和"意见领袖"约好时间，什么时间开课。人员由"意见领袖"组织，人数在10～30人，一般不超过30人。

在会议运营期间注意一个细节：我们每次去开会时，都买100～200元的水果，在去"意见领袖"家前，提前分好，每次都给"意见领袖"留一部分，放在里屋："这是给孩子留一点"，为下次开会做好铺垫。

这就是"意见领袖"帮我们做的第一个工作，可以把"意见领袖"周边的养殖户组织起来，定期开圆桌会议。

"意见领袖"接触频率：每个月要接触1～2次，每次都要请吃饭，在饭桌上谈对"意见领袖"所做出的贡献的肯定。吃完喝完，走的时候一定要送上礼品（礼品也不要太贵，以防意见领袖产生警觉）。

这利用的也是互惠原理，基因对友情的期盼，通过互惠换的客户对我们的感觉之情，从而产生回报心理。这样保证"意见领袖"的心永远的能和我们在一起，为稳定当地养殖户局面起关键性的作用。

"意见领袖"人数的要求："意见领袖"一个门店有20个就可以，这20个"意见领袖"基本上就形成了门店客户的基本架构，每一个"意见领袖"身边都会聚集5～8

名，甚至十几名养殖户，那么有20名以上的"意见领袖"就意味着可以稳定200个左右的养殖户。

"意见领袖"其他方面的作用。

（1）活跃微信群气氛时，需要有"意见领袖"的参与。但每个群内最多有2～3个"意见领袖"，太多的情况下很容易造成"内耗"。每次微信群内，只要意见领袖一说话，信任他的养殖户都会说话。再加上我们，一个微信群有十几个人互动，整个群已经是非常热闹了。

（2）我们开中小型会议时，人员的召集工作由"意见领袖"来完成；我们每次开会前，都要和"意见领袖"进行沟通商量，什么时间开会比较合适？活动方案怎么定养殖户参与的积极性比较高？该怎么服务大家，才能赢得养殖户的心等问题，都要与"意见领袖"进行沟通商议。

每次商讨，我们都要在餐桌上进行，吃着喝着，走的时候还有礼品可拿。通过商量定的活动方案，一般意见领袖都是比较支持的，客户最大限度地让养殖户参加活动。总而言之一句话，就是把"意见领袖"当作自己的员工进行管理。

（3）做活动时"意见领袖"要起带头订货的工作，每次订货好处，提前已经和"意见领袖"商量好了。会议期间需要他带头，鼓动其他养殖户一起参与。

（4）新产品推广时，"意见领袖"要做我们门店新产品的试验田。没有人实验时，可以让意见领袖先用，他用好了，我们再开小型的圆桌会议，再进行会议推广。

八、人性之懒惰心态（品牌营销）

> 品牌用重复博弈的机制，建立客户的信任，满足人们对产品确定性的需求。品牌的建设就是对社会符号的重组，方便顾客进行辨识，减少信息不对称的阻力。所以价格心甘情愿输给了品牌。

☞ **建立品牌的意义**

成交的基础来自信任，信任的基础来自重复博弈。我们去家门口的菜市场，不看称、不问价格，商贩也不敢欺骗我们，是因为他知道我们明天还会去买菜，他想拉一个回头客，所以他不敢骗我们，这是重复博弈的结果，可以降低交易成本。

但我们在很多商业行为中，天天购买的行为是不会发生的，例如我们买车，买房，买家用电器。一般我们买一次之后，很长一段时间都不会再去购买。

我们买一次，很长时间都不会购买，就会出现一种现象：属不属于单次博弈，从而导致商家欺骗我们。早期的商家销售，一个客户一个价格的现象非常常见。直到有超市的出现之后，开始明码标价，所有客户统一价格。

商家利用、甚至"制造"信息不对称作为"武器"和买家进行博弈。信息不对称对买家是非常不利的，这样就会导致客户对商家不信任："你给我的价格是不是底价？会不会比其他的客户价格高？你的产品质量会不会不好，或者给我的是次品？"这种不信任，直接会导致客户的交易成本增加。

客户的应对方案就是"货比三家"。把大量的时间花费在，对产品的对比和了解上。本身自己对这个产品不懂，结果因为购买这个产品，花了大量的时间去学习和了解，最后成了这方面的"专家"。这种案例比比皆是：装修完房子，基本上成为装修专家。

很多人说："能成为某方面的专家，这不是好事吗"？这种"专家"，是需要花费大量代价的，等于要花费很多时间，在这个领域。而这个领域对于自己购买完产品之后，就没有什么用处了。我们在这方面花费这么多时间，我们在我们自己创造社会价值方面就会减少时间的投入。虽然我们在购买产品这方面，减少了损失，但我们在创造价值方面，付出了巨大的时间成本。总体成本算下来，我们还是不划算的。

这还只是买家需要付出的成本，卖家也需要付出巨大的成本。也就是需要花费更多的额外费用，来证明我们的产品质量是最好的、我们的产品价格是最低的、我们的性价比是最高的。商家需要花巨额广告费用等，来证明自己，那么这些费用都是花在产品之外的，最终还是要从产品的利润上找回来。

在产品之外的花费，又都出在产品上，就需要提高产品价格或降低产品质量。这两种行为，又会导致自己的竞争优势下降，增加买家的成本。为了弥补这方面的劣势，就需要投入更多的费用来证明自己，这些费用还需要从产品里出来。这样就形成了一个恶性循环，商家越要证明自己，买家得到的产品性价比就越低。

这种行为就是我们经常说的"交易成本"，因为买卖双方互不信任，为了达成目标，双方所付出努力的成本。

那么有没有一种方式，或者是制度，可以降低买卖双方的交易成本？让买家不需要花费大量时间来辨别性价比高的产品；让卖家不再把大量的费用花在产品之外，从而提升产品的性价比。

我们把众多的单个买家组合起来，形成一个重复博弈的环境，让每一次的重复博弈结果，都存储在一个容器里，这个容器，我们就叫作"品牌"。有了这个"品牌"，以后我们在买产品的时候，就不用再花费太大的交易成本，只需要利用品牌这个工具，解决我们对产品的"了解，信任，偏好"问题。

因为这个品牌是所有的买家共同打造的，具有可高的信任度，真正可以降低买家的交易成本。商家形成自己的品牌，客户通过辨别品牌，就可以降低自己的交易成本，这种形式就叫作品牌效应。

那么什么叫品牌呢？品牌的英文是 Brand，古挪威文的意思是"烧灼"。古代人用这种方式来标记家畜等私有财产。到了中世纪，欧洲手工艺者用这种方法在自己的作品上烧灼标记，以便识别，于是就有了"品牌"。

如果产品好，用户就会把他的喜爱，积累在这个烧灼的标志上，省去"搜寻、了解，信任"的过程，直接购买。对这个"手工艺者"来说，就节省了"交易成本"。

品牌是一个容器，一个装载消费者"了解、信任、偏好"的容器。越是从了解，到信任，到偏好，这个容器的价值就越大。不能被消费者优先选择的，不叫品牌，叫商标。

那么对于我们兽药门店，该如何打造自己门店品牌，让养殖户主动来购买我们的产品？

案例一：兽药门店品牌打造步骤

第一步：在我们门店经营的范围内，选出一项，我们最擅长的一个，把这一项重新定位和梳理。例如："专业解决母猪产程过程""专业解决产床仔猪腹泻""专业解决母猪不发情""专业解决蛋鸡呼吸道疾病"等。

第二步：我们针对定位的这个优势点，找到相对应的产品架构。同时对这一方面的所有知识，都要非常精通。如果目前没有达到这种水平，我们可以通过一定时间的学习。

第三步：宣传。针对我们所能服务到的市场范围，进行大面积的宣传。最有效的途径就是挂条幅，每个猪场、鸡场，都要挂一条。让每个养殖户都要知道，×××门店是专业解决什么问题的门店。

第四步：当养殖户冲着我们的宣传，来门店就诊时，我们要在第一时间帮养殖户解决问题。这个工作是我们在打造品牌的夯实阶段，边宣传，边夯实我们宣传的结果。日积月累，效果会越来越明显。

第五步：再宣传。通过我们的成功案例，加强宣传力度，让所有养殖户，都知道，我们确实能解决这个问题。我们在这方面，确实就是专家。

第六步：再次夯实。对于宣传的效果，会有更多的养殖户朋友慕名而来，我们再次的帮养殖户解决问题。

长期下来，我们的品牌优势，就会有非常明显的效果，一定时期后，我们的品牌就建立起来了。

如何建立企业的品牌呢？建立"品牌"有三种途径。

1. 品类

品类就是自己在这个行业的定位，是区别与其他企业和产品的特点。品类细分指的是你生产的产品和别人不是一类。产品细分的目的就是希望客户，在这个细分的品类选择上，因为对产品的了解，而越来越信任，最后产生偏好。

例如"怕上火，就喝王老吉"。饮料无数种，但是王老吉创立了一个"品类"，然后通过广告、营销、赞助综艺节目，不断往这个容器里注入品类价值，让消费者最终产生偏好。

2. 品位

品位价值比较感性。有些人特别喜欢一个品牌是因为它的品牌故事，例如Chanel创始人香奈儿女士的才华、名利、恋情和女权思想一直被人们津津乐道；也有人喜欢的是品牌背后的设计模式，例如LV包包经典耐看的图案；还有人喜欢品牌带来的同伴认可，例如戴上万国手表让朋友们觉得他很有品位。

3.品质

是人类对确定性的需求，因为有了品质就代表产品物超所值，可以买到一个确定性的结果。对品质的追求是人们对产品的基本需求，也是对确定性的需求。

品类打造

品类就是自己在这个行业的定位，是区别与其他企业和产品的特点。人类大脑的记忆力是有限的，最多也就可以在某个领域记忆两个品牌，在多的话，根据就记不住。

我们都知道世界上最高的山是喜马拉雅山，那么排名第二的呢？排名第三，甚至前十名呢？能说出来的人，寥寥无几，只有专业人士，才能准确地说出。

那就要进行品类划分，在原有的大行业中，我们再细化出一个小品类，然后通过广告策划，在用户的心智中，树立我们在这个小品类上，第一或第二的形象。通过实际操作和夯实，最终实现，企业在某一品类上第一或第二的形象，从而让用户记住我们。

这种细分品类，占据客户心智的方法就是我们今天讲的品类建设。

案例一：饮料行业的竞争故事。

国内的饮料行业竞争非常激烈，走进超市就会发现，琳琅满目的货架上各种饮品层出不穷，而这里面还有大名鼎鼎的可口可乐、康师傅绿茶、冰红茶等。

那么一个新秀企业，王老吉是怎么异军突起的？王老吉打着"怕上火喝王老吉"的独特的卖点，重新开辟了"可以解决上火问题"的第一凉茶品牌。

随后"农夫山泉有点甜"，开辟了"有点甜"这个品类定位，树立了自己在矿泉水中是第一个"有点甜"的形象，让农夫山泉在众多矿泉水中脱颖而出，给用户留下了深刻印象。可是，农夫山泉真的更甜吗？未必，农夫山泉其实就是找到了，能够让消费者记住自己是某一方的"第一"。

用户的心智空间其实是很有限的，我们必须知道什么样的内容才能让用户更容易记住？

根据人性的好奇心，是不是越新奇的东西，越容易让客户记住？是不是哪些标新立异的营销创意，更能让客户产生记忆？事实恰恰相反。

经过大量营销案例证明，用户只对自己比较熟悉的东西容易记忆，对陌生的东西，一般很难产生记忆。企业要想达到产品的宣传效果，就必须想办法让产品和用户已经熟悉或者感兴趣的东西建立联系，这样客户才容易记得住。

为什么会出现这种现象呢？人类是喜欢确定性的，因为确定性可以给人类带来安全感，不确定性代表危险。根据人类趋利避害的特点，人类对熟悉的东西，记忆的会更深刻。

例如，你给一个地点的精确坐标位置，你是不记住的。但是你说是在你家门口街道往东 200 米的地方，你就能记住。因为前者是一个陌生的东西，后者是和熟悉的内容建立联系。

那具体的品类建设，一个有三种方法：分别是建立领导者地位策略、跟随者策略和重新定位对手策略。

1. 建立领导者地位策略

建立领导者地位策略是说我们要把自己定位为某个领域当中的第一名，因为研究发现，人对排名第一的事物往往印象深刻，可是对第二、第三就记不住。

成为品类第一是品牌进入消费者心智的捷径。因此在做品类建设的时候，首先思考这样一个问题，那就是行业里有没有一个代表性品牌，如果没有，说明这个领域里面还没有一个领导者，那么就要进入潜在消费者的心智，第一个方法就是把自己打造成领导者。如果你不能在某一方面争得第一，那就寻找一个你可以成为第一的领域。宁为鸡头，不为凤尾，因为人们只记得住鸡头。

2. 跟随者定位策略

如果我们在进入一个行业时，这个行业中有一个品牌已经形成了领导者地位，并且它们具有非常大的优势，同一款产品如果我们去做，需要花很大的成本来营销，但对方只要在现有的用户群和营销渠道当中做一次推广就能获得很好的营销效果。那么这时候最好的策略不是发起正面的攻击，而是要用逆向思维，做一个跟随者，想办法找新的空当，在一个新的领域当中和客户已有的认知进行关联，从而让客户记住我们。

3. 重新定位对手策略

改变人们对竞争品牌的已有认识，让这个占据人们心智品牌的良好形象受到负面影响，甚至摧毁它的形象根基，从而给自己的品牌挪出空当。说得通俗一点，就是把对手拉下马，让自己挤上位。

品位建设

品位建设是指顾客会把自己的情感和喜好，寄托在对产品的依赖上。顾客可以利用产品，来表达自己的情感和喜好，以此来满足自己内心的需求。

奢侈品行业基本上走的就是品位建设路线；所有的营销故事，打动客户情绪，引起客户争相购买，也是品位建设的结果。

女士用的化妆品，众所周知化妆品的定倍率是比较高的，大概在 50 倍左右，也就是说，卖价 1 万元的化妆品，它的成本在 200 元左右。所有的女士都知道，化妆品的利润很高，名牌的化妆品利润更高，但是所有的女士还是对化妆品一如既往的倾心。

那么化妆品行业卖的是什么？卖的是恐惧，对青春流逝的恐惧。女士不用化妆品行不行？肯定不行，因为用来化妆品，女士就是漂亮，就是有自信。

因为所有的女士都有一个想法：自己长得其实还是非常不错的，自己和明星之间的差距没有那么大，只是差一套某个品牌的化妆品而已。所以会把自己对美丽的情感需求，倾注在某个品牌。

有钱的男人必须要买豪车，不买豪车行不行？不行，因为豪车才能表达一个成功男人的气质！汽车对于每个人来讲，它只是一个代步工具而已，但加入情感因素之后，就完全不一样了。普通的车也就十几万元，而豪车从100多万，到几千万的都有。这些车在性能和功能上，其实差距非常小，唯一的差距就是情感不一样。1000万的车和100万的车，能一样吗？

差的是开车人的身份差距，不同的豪车，代表了不同的身份，展现出不同的尊重。

这些车的品牌定位是把人的情感加入进去，已经超出了代步工具的范畴，走进了品位建设。

每个人都有名字和人格，用来与其他人进行区分。对于产品来说也是如此。品牌虽然只是产品的名字，本身并没有人格，但是营销可以赋予品牌生命，给予它一定的人格。

这种人格可以是温柔的、坚毅的，也可以是活泼的、严肃的。比如，奔驰有一种庄重感；宝马有一种潇洒感；百事可乐给人以年轻活泼的感觉；联想则给人以严肃有教养的感觉，等等。

产品也正是因为有了品牌的这些个性，更容易吸引到消费者的关注。特别是当你爱上一个品牌时，你就会愿意支付更多的钱。虽然这些产品并不比其他品牌产品价值高，但你会认为它的确更值钱，像爱马仕、香奈儿、古驰等品牌，产品的价格已经远远超出了本身的价值，但仍然吸引了大批为之疯狂的消费者。为什么？因为这些品牌具有高贵、富有的人格魅力，征服了消费者的心。

对于企业而言，或许改变产品的价值很难，但是给予产品人格属性，利用产品人格属性，同样可以打动消费者。这也正是品牌建设的目的，只要能让消费者一直感觉它们有生命，就能让品牌的高定价变得合理可行，为企业赚取巨大利润。

那就具体怎么把情感注入产品，赋予产品人格属性，打动客户情绪，让客户产生购买行为呢？具体方法为情感诉求的手段。

这种方法与你的产品本身没有任何关系，只需要与消费者的情感或价值观进行联结，通过树立温情、庄重等情感或者拼搏向上、永不服输等价值取向的品牌个性，获得消费者的赞同。

好的创意需要打破常规。常规就是被大众接受的行为或思考方式，以至于我们对这些行为和方式形成条件反射，根本不会去想其他可能。找出这些常规之后，按照自己产品的特点，再去颠覆常规认知，这样就能达到出其不意的效果。

注入独特创意。通过积累法和释放法，能够激发无意识思维，产生绝妙的创意。如果无意识思维难以奏效，可以通过打破常规的方式，采取逆向思维，逼迫意识思维想出好的创意。

品质建设

品质利用的是人类对确定性的依赖。客户买产品的目的就是为了解决自己的问题，要么让自己产生愉悦，要么用来抵御恐惧。那么对产品购买时的确定性尤为重要。能满足确定性的就是产品的质量，所以对产品品质的追求一直是人类的终极需求。

那么什么样的产品才能满足人们的确定性，也就是产品的品质达到什么样的要求，才能解决确定性的问题。

具体要求有以下两个条件：产品的稳定和产品的性价比。

1. 品质稳定

从经济学的角度看，所谓优质的产品，必须达到稳定、均匀、匀质的标准。匀质本身是质量的一个重要标志。

单个产品的质量高，并不代表产品的品质就一定高，优质产品说的是这个产品的质量要维持一个稳定的水平。同一批产品当中，一件产品的质量，跟另外一件产品质量之间的差距不能大，差距越小越好，这才是我们追求的优良品质。

案例：麦当劳、肯德基在全球各地的连锁店，它的所有食品的制作过程都是有严格的要求。汉堡制作的流程、用料和时间都是有明确的规定，所以可以保证产品的一致性和稳定性。你只要走进它的连锁店，你吃到的东西的品质、烹饪的口味，还有你享受到的服务，都是一模一样的。

2. 性价比高

优质产品的优质，除了质量稳定之外，还有一个重要的标准就是产品的性价比高。不是质量绝对的高或者低，企业在提高产品质量的过程中，边际收益应该等于边际成本。

什么意思呢？不是产品质量越高越好，也不是产品价格越低越好，而是一分钱一分货，客户得到产品的性价比是最高的，对用户而言是值得的，这才是最好的。

例如：当年有人就在辩论福特汽车："是否应该在汽车的油箱旁边再加一块挡板"的事情。

事情的经过是这样的：福特汽车公司有一款汽车，如果汽车发生追尾的话，汽车的油箱就会爆炸，大概率的情况下会造成车里人的伤亡。后来工程师经过讨论和协商，找到了解决方案，那就是在福特汽车的油箱旁边加一块挡板，这块挡板只需要16美元，就能够大大降低伤亡的数字。

福特公司领导层知道这个情况，就召开了领导层会议，就关于是否增加挡板的问题进行讨论。最后形成了两种观点：

甲方观点，如果每辆汽车都加一块16美元的挡板，1000万辆汽车，成本就需要增加16000万美元。对公司来讲，成本会增加很多。每年因为汽车事故，造成的油箱爆炸而引起的伤亡，即使公司全部赔偿，这个费用也远远低于1600万美元，所以他们宁愿不加这块挡板，而去赔偿那些伤亡者。

乙方观点，人的生命是无价的，怎么可以能用经济学数据来计算呢？在生命面前，一切成本都不是成本，都应当尊重人们的生命。那些因为我们没有增加挡板，而造成人员伤亡的人是非常无辜的。

甲方观点：我们承认生命是无价的，但不能因为说生命是无价的，所以就无止境地提高汽车的安全性能，因为提高汽车的安全性能是有代价的、是有成本的、是必须计算的。如果企业不计成本，那么企业的利润又从哪里来呢？

这种辩论，最终也没有结果，后来就找来一位著名的经济学家，关于这个问题，寻找答案。最后这位经济学家给出的答案是：

任何产品的质量，都需要考虑到性价比，既然牵扯到性价比，那我们就必须进行计算，哪怕是涉及生命，也要放到计算的公式里面去计算。

要提高汽车的安全性能，加一块挡板是可以的，换一种材质也是可以的，换一种刹车的设计是可以的，换另外一种安全气囊也是可以的。所有这些加起来，都会成为汽车的成本，这些成本最终是由消费者买单。

从营销学上来讲，我们一点点的增加成本，最终汽车的总价就一定会上升，那么价格上升之后，消费者能不能接受呢？我们从边际的概念去理解，消费者是愿意把他们最后一块钱，放到安全性能上呢，还是汽车里面的功能上？还是放到汽车外面的美观上？

不同的消费者有不同的选择，所以在汽车市场上，有的以操控性而著称，有的以彰显地位和舒适性而著称，有的以安全而著称。

如果我们一味地强调说生命是无价的，那么安全性是我们不惜一切代价都应该追求的目标，消费者应该把最后一块钱花在安全性上，那我们就再也不会在马路上，见到我们今天见到的那些汽车，马路上跑的只有坦克车。

人们追求的不一定是质量的绝对提高，而是性价比相当，用经济学的话来说，在追求质量的时候边际收益应该等于边际成本。

如果一分钱的投入能够带来两分钱的质量提高，那就应该继续投入下去；

如果一分钱的投入，只能带来半分钱的质量提高，那就应该减少投入。我们在做决策时，应该考虑在边际成本等于边际收益的地方停下来。

我们在营销模式上，如何让客户相信和认可我们的产品品质呢？那就是以品质"三包"替代品质检验。

对品质实施三包，包修、包换、包退，是对产品质量的一种担保。当消费者对你的产品没有信心的时候，你让他们试用一下、感觉一下，这样就能够克服信息不对称问题，让客户信任我们的产品。

"二战"期间，美国空军降落伞的合格率为99.9%，这就意味着从概率上来说，每一千个跳伞的士兵中会有一个因为降落伞不合格而丧命。军方要求厂家必须让合格率达到100%才行。厂家负责人说他们竭尽全力了，99.9%已是极限，除非出现奇迹。

巴顿将军听说此事后，把供货厂家负责人叫到验货现场，要求每次交货前从降落伞中随机挑出几个，让厂家负责人亲自跳伞检测。从此，奇迹出现了，降落伞的合格率达到了100%！

有什么办法？我们把产品先卖出去，实施三包，让广大的用户自己来发现那些有问题的次品，只要承诺他们一旦发现次品就可以拿来换，那就可以了。

所以实施包修、包换、包退的办法，确实是对解决信息不对称有很大的帮助。

那么品牌又是怎么建立起来的呢？靠的是承诺和长期的重复博弈慢慢地建立起来的。

1985年，张瑞敏刚到海尔（时称青岛电冰箱总厂）。一天，一位朋友要买一台冰箱，结果挑了很多台都有毛病，最后勉强拉走一台。朋友走后，张瑞敏派人把库房里的400多台冰箱全部检查了一遍，发现共有76台存在各种各样的缺陷。

张瑞敏把职工们叫到车间，问大家怎么办？多数人提出，也不影响使用，便宜点儿处理给职工算了。当时一台冰箱的价格800多元，相当于一名职工两年的收入。

张瑞敏说："我要是允许把这76台冰箱卖了，就等于允许你们明天再生产760台这样的冰箱。"她宣布，这些冰箱要全部砸掉，谁干的谁来砸，并抡起大锤亲手砸了第一锤！很多职工砸冰箱时流下了眼泪。

然后，张瑞敏告诉大家——有缺陷的产品就是废品。三年以后，海尔人捧回了中国冰箱行业的第一块国家质量金奖。

"张瑞敏砸冰箱"一事树立了对所有员工严格的品质意识，有不良就是不良品，没有等级之分，目标只有一个就是没有不良，最终达到"零缺陷""高标准"。

产品的质量是企业的生命，只有优质、高效的企业才能在任何挑战中永远立于不败之地——所以，企业必须把好质量关。无论从事任何经营，都要严格要求产品质量。

如经营管理没有质量管理的观念，那么这个企业就不能发展。用高品质的产品和服务来征服市场，赢得顾客，而精益求精是质量的精髓。海尔砸的只是电冰箱，就是一个敢于向市场、向客户承诺的成功品牌打造故事。

☞ 品牌如何维护

品牌是商家为了给顾客惩罚自己的机会，而创造的一种重复博弈机制。成交的基础是信任，信任的基础是重复博弈，品牌打造就是商家自己创建的和客户之间进行重复博弈的机制。这个机制的核心是商家主动和客户之间建立重复博弈，为的就是想获得客户的信任，从而建立长期的购买关系。

例如，咱们到旅游风景区吃饭购物，总是被骗、挨宰，因为那是一次博弈，赚一把以后，他不指望你再来。一次能在你身上获得多大的利益，商家就获得多大利益。至于会不会得罪客户，商家无所谓，因为他是单次博弈，就一次的合作机会，商家不指望你多次购买。

在社区的小卖部、社区超市里购物，在我们街道的餐厅吃饭，你就能够得到价格公道和质量保障。因为商家需要街坊们经常来，反复来。

品牌就是这样的一种重复博弈机制，一旦建立了品牌，你就要接受社会的监督，一旦你出了错，社会、消费者就可以惩罚你。

麦当劳最开始在高速的服务区内的店面是以加盟为主，结果客户投诉一直是麦当劳总部的一块心病。总部不停地给各个加盟商负责人开会，定制度，定考核，就是为了降低投诉案件的发生。结果始终得不到解决。

最后麦当劳总部决定：收回麦当劳在美国高速公路服务区的加盟店，全部由总部直营。总部直营后，客户投诉的现象彻底地被解决了。

为什么会出现这种现象呢？因为高速公路这种地方，对于加盟商来说是一次博弈，不管谁加盟，他都不会善待顾客，都会竭泽而渔。只有对于麦当劳品牌来说，它是重复博弈，所以，高速公路旁边的麦当劳全部都由总部直营。

我们在工作中，经常会碰到一些负面的消息，企业一般称为危机公关。一个公司一旦出了危机事件，出了负面新闻，整个公司上下都紧张得不得了，然后就找公关部，赶紧给搞定。

处理企业危机事件，表面上处理的是这个事件，实际上处理的是大众的情绪，大众的情绪安抚不了，你想蒙混过关，根本是没有机会的。做错了就道歉，获得别人的原谅。

九、定价策略（价值评测）

> 不同的销售场景会引发顾客的不同行为，面对面销售的定价策略是要解决客户"占便宜"的心理；超市销售的定价策略是利用锚定效应，让客户自己找到"最佳"选择方案；互联网销售的定价策略是利用客户的零钱账户心理，解决客户购买风险，克服信息不对称的问题。

☞产品该如何定价

产品本来就没有价格的，它是产品的创造者把自己为社会创造的价值，卖给中间人（商人）之后，由商人根据市场的需求、产品成本、传递价值等因素，综合评判，来酌情定价的。

商人的本质是利益最大化，商家最大的优势就是利用买卖双方信息不对称，买家不知道产品的成本，不知道产品到底该卖多少钱合理。而商家把产品提供给消费者，减少了消费者的购买成本，从中赚取相应的"服务费"。

那么"服务费"到底该收多少比较合理？产品到底该定什么价位是比较合理的？定价策略从有商业出现，到当前互联网时代，一直都是人们比较关心的问题。

定价系统是由商家单方完成的，所以定价时，会考虑到商家利益的最大化，最大可能的去赚取更多的利润是商家的需求。但由于商家之间的竞争，买家利用最大的武器"货比三家"，又让定价系统不至于偏离的太离谱。

总体上来讲，任何行业都会经历三个阶段，三个阶段对产品的价格影响也是比较大的。

第一个阶段是红利期。在红利期商家少，买家多，竞争的减弱会导致商家利益可以最大化，会出现高差价＋高销量，导致商家赚得盆满钵满。

第二个阶段是混乱期。某个行业盈利太多，会导致大量其他行业的人员涌入。导致从业人员混乱和产品混乱。在这个时期，从业人员大部分是其他行业人员涌入，所以导致从业人员目的不纯，就是为了利益而来。为了利益这些人员会出现欺骗客户的行为出现，导致"劣币驱逐良币"现象的出现，客户对商家更加的不信任。产品质量良莠不齐，客户真假难辨，也会导致客户对商家的不信任。在这个时期，产品质量是鱼龙混杂，真假难辨，导致产品的价格也是千差万别。

第三个阶段是有序竞争期。当整个行业的商家太过"猖狂"时，会有两种力量可以让行业趋于规范。一种就是国家的政策，一种是商业竞争法则。一旦消费者的权益受损严重时，国家就是出台相应的法律法规来规范这个行业，如"三聚氰胺事件"，国家出台对奶业的规范制度，导致奶业进入规范经营期。商业的竞争法则是企业规模越来越大，企业存在的价值是降低企业内部的沟通效率，而那些会管理、会营销的企业，通过降低企业内部的沟通效率，企业在最短时间之内形成一定的规模，会在行业内成为"寡头企业"。

"寡头企业"越来越大，在行业内形成绝对的竞争优势，最终受限于企业的沟通成本与外界沟通成本的对比。如果内部的沟通成本低于外部的沟通成本，那么企业还会扩大。反之企业则会停止扩大发展，甚至会向相反方向发展。

除去行业的发展阶段不论，在进入有序竞争期后，我们的产品定价该如何进行，才能让顾客产生明显的购买行为呢？

对于今天的销售途径越来越广泛，产品的定价不应该一概而论，而应该根据客户购买产品的场景进行定价。客户购买产品的场景可以分为以下三种。

（1）有销售人员面对面的沟通模式。

（2）中大型超市的自选模式。

（3）网上的自选模式。

三种销售的场景不同，决定着我们在定价时，要根据客户购买的场景不同，而设计不同的定价策略。

按场景设计定价策略，就是要根据客户当时购买时的现场实际环境中，有哪些因素可以打动客户的情绪，从而影响客户的决定，影响客户的购买行为而定价，而不是根据产品的成本而定价。

在我们商业的运行过程中，商家一般会按照行业规则、产品成本等因素去制定产品的价格。这种定价方法的主体是产品，以产品为中心，只参考了产品一个因素而定价的，更多忽略了除了产品因素之外，有很多可以影响客户购买因素。

例如顾客的因素。购买产品的主体是个人，那么我们在设计定价方案时，应该更多的是考虑人这个因素，而不是产品本身的因素。只要我们把人这个主体因素搞定了，那么产品定价的高低，就是一个次要元素。

三种购买场景。

（1）有推销员在场。那么推销员可以和客户面对面沟通，那么打动客户的关键，就是如何让客户感觉到愉悦，客户愉悦，购买产品的概率就会增加。在这个场景中，什么因素可以让客户愉悦呢？除了推销员对客户的真诚接待、赞美和聆听外，更重要的一个因素，就是如何让客户和我们交往的过程中占到便宜。

（2）自己现场选购。所有产品信息都是靠自己的感官判断，那么价格锚点是影响客户的关键。产品的摆放、客户好奇心的吸引尤为重要，既要引起客户的兴趣，达到"静销力"的效果，又要方便客户"货比三家"，在最短时间内，下定决心购买哪一个。

（3）线上虚拟购买。信任感和怕吃亏心理占主导地位。互联网解除信任危机的最好方法就是零钱账户，把客户的购买风险降低到"不在乎"的程度。让客户达到零风险购买的标准（例如无条件退换货）。另外线上购物，物流送货的速度，也会影响客户的情绪，从而改变后期购买的行为。

这三种场景，基本上可以代表当今所有的销售模式。每一种场景下，客户的关注点都不同，影响客户的情绪因素也不同，所以要根据客户的情绪变化，来制定相应的定价策略。

☞面对面销售定价法则

我们先沟通第一种场景，销售员面对面的推销模式。这种营销模式，销售人员在整个购买场景中，会起到非常重要的作用。主要体现在产品价值传递和客户占便宜心态的把握。

以兽药销售为例。

兽药是特殊商品，必须有兽医指导下才可以购买使用。所以养殖户在购买产品时，有兽医在面对面的和养殖户沟通。养殖户在购买产品时分为两个步骤的：

第一个是购买的场景：养殖户一般只看你这一袋是多大包装的？卖多少钱？和其他兽药门店相比，是贵了还是便宜，很少在这个时候考虑到产品的含量和价格是成正比的。

我们拿蛋鸡的保健品来举例子吧：养殖户普遍能够接受的价格是1千克的包装，零售40元/袋；2千克的包装，零售60元/袋。

你说是不是1千克的包装，零售超过40元/袋就卖不出去了吗？不是，而是1千克的包装超过40元/袋，需要给养殖户说的话比较多（营销话术），给养殖户承诺的比较多。另外养殖户会根据自己对产品价格的判断，出现用着用着停掉，不再继续使用。

在这个场景里，很多兽医在给养殖户讲：我们1千克卖60元/袋，是因为我们的拌料量大，其他厂家卖40元，是因为他们的拌料量没有我们的大。

养殖户在这个场景里，根本不会给你讨论拌料量的问题，他只给你讨论同样是1千克的包装，为什么你们厂家卖的价格高？别的厂家的产品比你们的便宜。

有人就说了，"那养殖户是不是太不理性了"。客户永远都是不理性的！客户如果需要准确地把这个产品的价值判断出来，需要花费的成本是比较高的，也不太现实，所以他只能通过有限的"购买经验"来判断，这就是我们第一个场景出现这种情况的原因。

第二个场景是：养殖户把产品买回去之后的使用场景。这个时候养殖户才关心这一袋1千克，可以拌料多少斤。

那么针对兽药产品我们该如何定价呢？我们首先要考虑的第一个场景：客户在购买产品时的感觉。什么感觉呢？就是实惠的感觉，"同样包装的产品，这一家的产品价格不高"。这种感觉客户是不会告诉我们，是客户对产品的自我评判标准。所以在设计产品时，包装和价格要符合客户的零钱账户。

人们为什么产生购买欲望，就是一种感觉，感觉比较便宜，感觉自己能用的上，感觉这个东西不错，所有的感性购买中都是感觉在起着作用。

所以我们设计这些产品的过程中一定要让养殖户感觉比较合适。对于一些常规产品，基本上每个厂家都有，养殖户可以拿来做对比，往往对比就是价格，所以这些产品的设计就要感觉便宜。具体操作有三种方法。

1. 单品含量

养殖户一般只对比一袋（100克或1000克）多少钱，很少有人去看含量，如20%氟苯尼考和5%氟苯尼考的价格差距都比较大。所以在单品设计时，单品含量可以作为一个思考点。

2. 单品规格

在养殖户关注规格的同时，他对每袋产品的含量一般都有一种错觉，比如100克和50克的产品，如果单从袋子大小上看，他不仔细观察，很难发现之中的差距。所以在设计某些产品时，产品的规格也是考虑的一项。

3. 单品对水量

特别是治疗产品在这一方面特别突出，同样是100克的产品，不同的厂家，对水量也是不同。

河南某个厂家的一个大单品（治疗大肠杆菌的一个西药），他早在2004年就开始采用这种差异化运作。别厂家100克西药对水量都是300～400斤水，这个厂家的产品就设计成200斤水，很多养殖户不明白这个原理，认为这些厂家100克的大肠杆菌药都卖25～30元，而这个厂家的产品只卖21元，认为比较便宜，客户只有在使用时，才会开始关注对水量。

这是我们在设计产品时，可以调整的一个方面，为的就是符合在销售时的第一场景，客户自己的自我评判标准。

第二个方面，我们要给客户讲清楚产品的价值——把客户的消费心理账户转变为投资心理账户。

"您用我们这个蛋鸡保健品，它不但不会增加您蛋鸡养殖成本，反而可以节约药费，提高养殖场的经济效益！"

"还有这样的产品？"

"您用我们这个蛋鸡保健品，可以降低药费60%。您用了这个蛋鸡保健品，其他的产品就很少使用，这一个产品可以代替5个产品。

（1）可以代替输卵管消炎药。

（2）可以代替维生素，长期添加本品，维生素就不用再添加。

（3）可以代替脱霉剂。

（4）肠炎、大肠杆菌药就不用再添加，整个全程肠道非常好，消化吸收非常好。

（5）不用再添加抗病毒的中药，因为这里面添加的有这方面的中药材。

第三个方面是要让客户占到便宜。

客户一般在想占便宜时，他不会直接告诉你。客户会问"最近有没有活动呀？这个产品有没有活动政策呀？这个产品的价格有点高等等。"客户的潜台词就是，有没有便宜可占。

但我们不要刚介绍完产品，就立马给客户说，我们现在有活动，而是要让客户问出来。当客户询问时，你再告诉他："上一次活动刚过去，最近这个产品卖的比较火，所以老板没有让搞活动。如果您能要5件，我给公司申请一下。"

"我没用过你们的产品，5件肯定要不了，最多也就是用1～2件。"

"那行，那先给给您来3件吧，我可以个人送你一个什么礼品。"

所以我们要给客户设计一些赠送的礼品，那么这些赠送的礼品又称为随手礼。我们先给，客户就不会问我们要，如果我们没有给，那么客户就会问政策了。

在整个线下推销时，我们运用到来客户对产品包装的感官评价、推销员的产品价值讲解（把客户的消费心理，转变为投资心理）、占便宜心理的运用，每一个环节都是为了动客户的情绪。

☞ 超市定价法则

那么在有销售人员或导购人员的情况下，销售人员可以充分调动起产品的各个方面的"价值"，展现给消费者。例如，产品的生产厂家多么知名、多么有实力；产品的质量有多好多好；与市场上的其他竞品有多大的优势；最近有什么活动政策，政策多么的占便宜。

而且在面对面的销售中，有经验的销售人员，可以根据客户当时的状态，抓住消费者心理上的小小满足或不安，打破对方的防御，说服他把东西买下来。在这种模式里面，定价最终的目的，是让消费者觉得花小钱买到了优质服务，是赚了便宜。

前面我们讲了，线下面对面的定价策略及场景营销方案。那么在线下无人售货的场景下，没有售货人员讲解"产品价值"和使用占便宜模式的情况下，如何即让客户感觉产品价格合理，又让客户欣然产生购买行为呢？

随着中大型超市的出现，原来这些可以利用的技巧全部没有了：没了站在旁边为你殷勤介绍的销售员，现场占便宜的路子也走不通了。但商家的利润最大化本质是没有变化的，那么如何在没有销售人员的情况下，还可以保持产品的利润最大化。

那就需要把自己的产品打包成感受，产品的设计、产品的摆放、产品的定价等因素综合下来，让消费者觉得这个东西就是对、就是好、就是愿意花钱。

这个事情听起来，确实有点强人所难了。但心理学家却说："价格只是客户的一种感觉。客户对商品"价值"的判断，受客户对产品的重量、音量、温度等感官的判断影响比较大"。

产品信息的不对称，决定了顾客其实并不知道什么东西该值多少钱。他们茫然地穿过货架，根据种种线索（自己以往的经验、其他超市或商家同类产品的价格标准）判断价格。顾客的主要敏感点是相对差异，而不是绝对价格。

我们先了解第一种定价策略：价格锚点。

我们现在做一个实验：你的面前有一袋大米，请问这袋大米多重？大部分没有经验的人，都很难准确地说出它的重量。但如果我给你两袋大米，一袋15千克，一袋25千克，请问谁重谁轻？你一拎就知道。

把这个理论运用到实战里，最简单的办法就是给商品换包装。比如一款花生酱原来的包装是一瓶500克，卖20块钱。买花生酱的消费者往往年纪不大，他们隔一段时间就会买一罐，消费频次很高，如果厂商把价格涨到25块钱，他们很容易就能发现，甚至还会直接选择其他品牌。但如果把瓶子底部设计得往里凹进去，一瓶只能装400克，还是卖20块，消费者就不太容易发现。

除了商品之间直接的比较，每样商品的定价到底是多少，也跟商品所处的环境有关系。这里有个最重要的原理，叫"锚定效应"。

我们来看一个心理学实验。

研究人员在参加实验的志愿者面前放了市场上并不常见的白酒和红酒等物品，让他们判断这些商品的价格。不过有意思的是，志愿者在做出价格判断之前，先要把自己电话号码的最后两位写在一张表上，然后再给出商品的价格。

我们知道，人不擅长对价格做出判断，所以每个人给出的价格都不一样，差别比较大，这个好理解。但是，这个实验结果让人惊讶地发现，那些电话号码后两位数字偏大的人，比如尾数是89、99的人，他们给出的价格都要比电话号码尾数小的（11、12）人更高。也就是说，人对商品的价格判断居然和他的电话号码尾数之间建立了联系。这就是我们刚刚说的"锚定效应"的体现。

所谓锚定效应，是指当人们需要对某个事件做定量估测的时候，会受到先入为主的影响，把某些特定的数值作为起始标准，这些一开始就具有的数值，就像轮船的锚一样制约着估测值。

这个"锚"，只要被人注意到，不管它是不是夸张、是不是有实际参考价值，锚定效应都会起作用。这是一个下意识的过程，我们在参考的时候，是不经过理性思考的。

第二种定价策略：标尺定价法。

就是在所有商品中，选出一个或几个商品进行低价销售，让客户认为店内所有商品价格都不高。

水果店把原来卖到1.5元/斤的甘蔗，降低到0.7元/斤。门口放了二三十把甘蔗削皮刀，还不够拥挤的人群使用。有等不及的客户，直接进水果店先买一点其他的水果。就是因为这一个产品的降价，引流来更多的客户，同时让客户感觉其他商品也便宜。

在乡镇级的超市里，也经常做这样的活动：鸡蛋原价是5元一斤，现在搞特价，2.5元/斤。接到这个消息的老头、老太太，拎着布兜从早上6:00就开始过来排队。排到8:00超市才开始特价活动，结果排了两个小时队，获得的结果是，每人限购2斤。等于是花了5元钱，买了2斤鸡蛋，有点亏。

有点亏怎么办？那就进超市里再买点别的东西，超市也是这么想的。结果有专家统计，二次购买产品的人均额度在35元。

超市为什么要用鸡蛋作为标尺性产品呢？就是因为这一枚商品蛋，和那一枚商品蛋的质量差距不大，它们唯一的区别就是在价格上。所以哪个超市的标尺性产品，价格越低，就证明哪个超市的所有商品价格都低。这是一种客户错觉，也是客户的真实想法。

第三种定价策略：会员客户优惠策略。

超市会标明原价多少钱，会员价多少钱。那么单次购买超过200元的产品就可以免费办一张会员卡，以后买产品都可以享受会员政策。为什么要有一个门槛呢？因为免费的东西，客户都不会珍惜。

购物超过200元办一张卡，就会让客户感觉，这张卡是我花200元买的，会珍惜。同时买产品有会员积分，定期可以兑换积分。兑换积分的礼品不在于大小，而在于有没有。如果有，哪怕只是兑换一袋500克的盐，客户心里面也是高兴的。不是因为礼品的大小，而是因为占到了便宜。

超市定价的原则是，给客户一个锚点，让客户自己判断；利用低价策略打动客户的情绪，引起客户购买；利用客户占便宜的心态，打动客户情绪，产生重复购买。

☞互联网定价法则

互联网的购物场景和线下面对面的推销及线下无人售货的商场还不一样，客户的面前没有销售人员，也没有实物，唯一有的就产品图片和报价。

这种购物场景没有了购物体验和专业人员介绍，凭的是自己的经验及喜好。

第一种定价策略：杀熟定价策略。

我们结合实际案例来看：在一个完整的购物流程里，卖家是在哪些环节精心设计，来赚你手里的钱的。假设你想买一罐花生酱，点开网店一看，一罐只卖18元。你感觉自己省了两块钱，高高兴兴把它加进了购物车。

请注意，这里你可能掉进了一个名叫大数据杀熟的陷阱里。过去我们在实体店买东西，讲究的是货比三家，挨个问完之后，谁便宜去谁家买。

但你在网上买东西，用的是自己的手机、自己的账号，没办法知道别人手机上别人账号显示的价格是多少，如果你以前曾经多次购买过这个商品，那大数据的判断就是，你的购买意愿比一般人强，不需要用低价来打动你。

而别人也许是第一次点进这个购买页面，那么他看到的价格有可能就是每罐17元，那你无形中就比别人多花了1元钱。

第二种策略：凑单策略。

加完购物车准备结算了，购物车提醒你，这家店满30元包邮，满45元立减5元，要不要再凑凑单？于是，你又掉到了第二个陷阱里，本来只想买一罐花生酱，为了包邮加凑单，生生买了3大罐。终于凑好满减，你准备下单付钱了。

这时你突然发现，一罐花生酱和运费加起来，只用花20多元钱，现在这单得付49元钱，你有点心疼。付款页面提示你，要不要用信贷产品付钱？这个月买，下个月还哦。比起直接从兜里掏纸币出来的痛苦，动动手指就能提前消费，感觉确实很爽！

第三种策略：尾数定价策略。

我们来看一个例子。很多人都知道，给商品定价的时候，把尾数定成9会比较好卖。但很多人不知道的是，小数点左边的数字对购买的影响也非常大。只有当左数字变化的时候，把9当作尾数的策略才会有效果。比如，从3.8元变成3.79元，并不会让人觉得变动很大。

但如果从 3.00 元，变成 2.99 元，同样只降了一分钱，但左边的数字从 3 变成了 2，这就让价格认知产生了完全的不同。左边的数字为什么这么重要？因为它能够锚定感知量级。我们大脑转换数字的过程是飞速且无意识的。当我们的眼睛看到 2 这个数字的时候，大脑已经开始解读 2.99 这个数字了。这个过程中，用左数字 2 定位的 2.99 看上去就比用 3 定位的 3.00 低很多。

第四种策略：零钱账户策略。

你口袋里有 100 元现金，没有换开之前，这 100 元花掉的速度非常慢。如果你花掉 1 元，剩余的 99 元会花掉的速度非常快。这种现象就是因为剩余的 99 元是零钱，在心理上不受重视，所以花掉的速度比较快，这种行为称为零钱账户。

零钱账户受什么因素影响？零钱账户受金钱的额度影响！根据每个人的经济状况不同，每个人的零钱账户额度也是不同。但对于大众来讲，一般人的零钱账户为 200 元以内。你在网上逛网店，200 元以内的商品只要你看中，那么随手都会放进购物车，不会有太多的犹豫。如果你看的是一台价格为 1 万元的格力空调，那么你犹豫的时间会长，总感觉还是到实体店里看一眼比较放心。这就是零钱账户在起作用。

那么理性系统参与不参与购买行为的决定呢？也参与，但参与的时间是有限的，只有 13 秒！什么意思，也就是说，当一个人决定购买某一商品时，理性系统计算该商品是否购买的时间只有 13 秒，13 秒内决定购买，就会购买，13 秒之内没有下定决心购买，那么这次他就不会参加购买。

那么直觉系统和理性系统的结合对购买决定有什么影响？零钱账户会影响理性思考计算时间，额度越低，大脑思考的时间越短。额度越高，大脑思考的时间越长，当思考时间超出 13 秒以后，就会决定这次不购买了。所以我们在做商业活动时，最好把每一单金额都设定在顾客的零钱账户以内，以增加客户的购买率。

互联网的定价策略，可以根据大数据的判断，来主动的推荐购买；利用损失规避，客户占便宜心理，进行凑单免运费的定价；零钱账户降低客户的购买风险，间接建立购买信任基础。

十、人性之好奇心

> 利用客户的好奇心，设计产品的摆放，引起客户询问，再通过店面营销、互惠原理，打动客户情绪，达到成交的目的。

☞静销力

什么叫静销力，就通过产品设计、特异摆放等形式，让产品自己说话，让客户"忍不住"的要上前购买、产品不需要推销，自己都可以产生销售的行为，称为产品的静销力。

在超市里面，如果看到这样的一种现象：所有厂家的矿泉水瓶，都是能装多满装多满。但有一个企业的矿泉水却只装了半瓶水，你会非常好奇"这是谁喝剩下的吗？"还是"超市的恶作剧？"

结果走近一看，上面的标签非常明显地写着："最近中国的水资源越来越贫乏，很多地方的孩子都因为缺水而喝不上一口干净的水，我们已经把您的这瓶水的另一半，捐献给缺水地方的孩子。"

上面印的有缺水地方图片，及缺水地区孩子们的照片，并标价2元/瓶。很多人看到这种情况后，都愿意花钱买这种矿泉水，不是因为这种水有多么好喝，而是因为喝的是一份爱心，是对灾区同胞们的一份责任。

这就是静销力，以爱心为导向，实现了产品自己说话的目的。静销力利用的是客户的好奇心，让客户产生好奇，主动上前询问或找答案。因为好奇心的满足，从而打动客户的情绪，产生购买行为。

我们以兽药门店的设计为案例，看一看兽药门店的产品通过哪些设计，可以让客户产生购买行为。

兽药门店当前90%以上都是以"夫妻店"为主，这些"夫妻店"大部分情况是1～3间的门面房，面积基本上在50～300平方米。

经销商对产品的摆放，都是比较随意的，甚至把门店和仓库混合使用，刚从物流上提过来的货，没有地方摆放，暂时就放在门店里面，对门店的产品布局没有重视。

门店产品的摆放，对产品的销售会起到非常大的作用，好的摆放效果，会让产品自己说话，让顾客自己产生购买。在超市里面体现的会更加明显。

据专业人士统计，每个顾客在选择产品，中间的思考时间是13秒，超过13秒，如果顾客没有决定选择哪个产品，那么顾客就会放弃购买。

那么门店产品到底该如何摆放，才能吸引客户主动购买呢？

有人认为：把产品放在最显眼的位置效果最好。

还有人认为：产品堆放的越多就越显眼，也最容易引起养殖户的关注。

也有人认为：门店产品摆放的越多，就越显得门店有实力，越能赢得养殖户的信任。

不论哪一种观点，凡是有助于达到销售目的的方法都是好方案。最主要的我们要以结果为导向，以达到最终的目的为出发点。

那么具体的产品摆放方案是什么呢？

把门店所有产品、货架全部清理出去，留出空间，只保留收银台和长形茶台。

墙壁的三面都打上玻璃橱柜，留一面墙按照国家GSP的要求，标记上处方药，非处方药。

另外两面墙的玻璃橱窗，设计成一个小格一个小格，每个小格里面，放一个组合方案，上门标上"专一解决母猪产程过长明星产品""解决母猪恶露特效产品""治疗母猪产后不发情畅销产品""仔猪拉稀万能治疗方案""15天解决僵猪问题""病毒性呼吸道病万能组合方案""母猪保健镇店之宝""5分钱解决蛋鸡输卵管明星产品""2020年蛋鸡保健畅销产品""蛋鸡产蛋综合征特效产品"……

每一个品种上都有一个标识牌，每个标识牌下面要备注上此方案的研发时间、研发单位、在市场上成功的治愈案例等。

这样布局的目的，就是要把门店布局成养殖户需要参观的博物馆。让养殖户进我们的门店，就像进了博物馆一样，对每个方案都很好奇，一个方案一个方案的参观，最终找到自己最关心的问题。

在中国农民的传统观念中：家丑不可外扬。自己养殖场的鸡、猪出问题了，就是自己养的不好，就是"家丑"。所以养殖户一般不愿意告诉别人（包括经销商）自己养殖场的情况，只有当他准备让我们给他解决猪场、鸡场问题时，才会给经销商说具体的详细情况。

一旦他不准备让经销商去帮他解决时，或有其他想法时，往往不会说那么多。甚至整个猪场伤亡率非常高时，他也会说他的猪场一切都很正常。

这并不是个例，而是所有养殖户的一个普遍心理，也是中国几千年农村文化的传承——怕别人笑话他。所以他宁可不解决这个问题，也不会让别人知道，他养的猪或鸡有什么问题。

当我们把兽药门店设计成"博物馆"。利用参观"博物馆"的方法来引导养殖户，他看到某个方案能解决他当下遇到的问题时，而忘记那个"怕别人笑话他"的恐惧，所以会开口提问。一旦他开口提问，那么接下来就是经销商最擅长的。

每个玻璃橱窗都放一个问题方案，每一解决方案都有配套的文字方案。具体设计是，把一个方案打在 A4 纸上，每张纸打印 4～5 条，然后分成 4～5 份。

当养殖户问到一个解决方案的时候，在给他解释完之后，再给一个小纸条。

当前每个厂家的产品画册太多了，每个厂家都想宣传，根本就没有人去看。当我们给养殖户一个小纸条时，上面有他想要的解决方案（方案分为两个板块：一个是偏方，另外一个是用我们的产品方案），所以他会把这张纸条和自己的钱包放在一起，即使丢掉了，他还会返回来找我们再要。相反，如果我们把这些方案都印成画册或单页，则根本没有人看。

圆形展架：把我们原来的长条形货架，换成圆形展架。每个 50 平方米，放 3～6 个即可。一共三层，每层有 3～4 个小格把圆形分开。

圆形展架的目的就是：设计一款特价产品，每天定时定量投放到微信或公众号内，吸引养殖户的关注。

特价产品不能是我们的主推产品或治疗性产品，以常规产品如阿莫西林、氟苯尼考、强力霉素、维生素、鱼肝油、脱霉剂等产品为主。

例如：在微信群里，提前宣传。维生素正常价格 500 元，今天晚上 8:00 开始订购，240 元一件，今天只有 20 件，售完为止，以现金到账为准。

另外在店门口，放上一堆一堆的米、面、油、洗衣液等。养殖户进门第一眼就会看到这些礼品，养殖户就会感觉好奇，就会发问："这是干什么的？"

"这是送的！"

"干什么送的？"

"参加活动送的！"

"参加什么活动送的？"

"参加会员制，兑换积分送的！"

"会员制怎么参加？"

"会员制参加很简单，单次购买 1000 元以上的产品，都可以成为门店的会员，以后买产品可以兑换积分，2 个月兑换一次，兑换的礼品就是门口的这些。你看一下会员制具体的活动方案。"

在这种情况下，养殖户参与的概率会非常高，可以达到 90% 以上的成交率。为什么会出现这种情况呢？因为我们主动找养殖户介绍活动内容，和养殖户主动问我们活动内容，表面上没有多大的区别，但是实际上区别在于谁是主动的。

我们是主动的，那么客户接受活动的概率为30%，而客户是主动的，那么成交的概率为90%。这中间的原理就是静销力起的作用。静销力成功最大原因是可以引起客户的兴趣，让客户产生主动行为，如果达不到这个目的，那么就达不到静销力的作用。

☞门店营销

对于所有商铺来讲，一直都有两个期望：第一个是让更多的顾客上门；第二个是让所有进门的顾客都购买东西。

店面营销利用的就是场景布局，引导客户的消费习惯。通过场景设计，让客户可以按照我们设计的方案进行。场景可以引导客户的情绪，情绪可以改变客户的行动。

针对互联网的今天，有很多行业都可以在网上下单进行购买。顾客能上门购买产品的行为逐步在下降，面对这种情况，如何可以解决让顾客上门买产品的问题？

想要解决客户上门的问题，就要站在客户的角度上设想，客户上门的价值在哪里？如何上门的价值远远大于线上下单，那么就可以实现客户上门。

以兽药行业为例，看一下兽药经销商是怎么解决让养殖户上门买货的问题？

2019年兽药行业，已经进入了"农耕式经营"，他的运营操作思路与"狩猎式经营"有非常大的出入。但"狩猎式"经营的时间太长，长期的操作，使兽药经销商对"狩猎式"太熟悉了，所以给门店运营思路，遗留下来的思想影响还是比较大。

从2001—2015年，这么多年来，经销商都是通过天天开车出去跑市场，推广门店的产品和自己的技术。养殖户需要什么产品，打个电话，经销商直接都送货上门，养殖户很少上门取货。门店的销量，都是靠开车跑市场，一车一车的送出来的。

所以在很多经销商的观念里："让养殖户上门买产品就是痴人说梦话""现在送到养殖户家门口、欠款还没人买产品呢？更何况让养殖户上门买货。"。在这种理念影响下，当兽药经销商看到这个题目时，很多人处于一种怀疑的心态。

难道真的有办法打破常规，让养殖户主动上门？

针对养殖户能不能主动上门这个问题，我们首先要分析，养殖户主动上门的动机是什么？需要满足什么样的条件，养殖户才能主动上门？

在我们身边，有没有这样的门店：从这个门店开业到现在，一直采取的销售模式，就是让养殖户上门取货。到目前为止，这个门店的生意还是非常不错，整个门店的营业额，占整体销量的60%，甚至80%都来自店面销售，而且养殖户对兽药门店的认可度非常高。

这是养殖户主动上门的一种情况，门店最开始就选择了，这种经营模式，养殖户也经过长期的培养，已经习惯这种方式。

那么还有一种情况，可以把养殖户邀请上来，那就是养殖户来门店需要有利可图！来门店的利益太大，养殖户不得不来。

那么我们该如何设计，才能让养殖户主动上门店呢？我们可以借用会员制的营销模式，就完全可以实现这一目标。

具体该怎么操作呢？

养殖户预交3000元现金，就可以成为门店的会员。那么会员有什么好处呢？

（1）可以用3000元买任意产品。

（2）每个月来门店领200元左右的礼品，连续领6个月。

有经销商朋友说："这样算下来，3000元返现1200元，相当于40%的现返，我们没有那么大的利润呀？"关于门店利润的问题，我们下边再讨论，我们先说这样做的好处。

设定3000元只是一个门槛，过滤掉一部分抱着"占便宜"心态的养殖户。凡是参加这个方案的养殖户，一般都是有诚意的养殖户。凡是前期愿意参加的养殖户，大部分都是门店的核心客户。前期收会员费，也需要有核心客户的带动。

选择这一部分养殖户的目的是让他们来门店，如果没有门槛，谁来门店上都有礼品，这样没有选择性，会造成极大的浪费。有门槛，养殖户就会按照要求定时来门店。

我们设定的活动不是关键，领礼品也不是关键。主要目的是养殖户能来门店，我们等于是花费1200元的礼品，换养殖户来门店6次的机会。

养殖户来门店领礼品，第一次和第二次是没有任何理亏的感觉（反正我也定你的产品了，领礼品很正常），但第三次以后，养殖户就会感觉在我们这里占到了便宜。"互惠（当一个人给我们一定的利益或好处后，我们下意识的认为要回报他，称为互惠）的运营思路"就开始发挥作用了。

养殖户每次来领礼品，感觉不好意思，那么他每次领完礼品之后，就会回报我们。养殖户会考虑一个问题："反正也要用产品，这次过来多少拿些产品吧"。还有一部分离得比较远的养殖户，感觉自己跑这么远来领礼品，不买点东西，老感觉有点"不划算"（在这种沉没成本的作用下，也会促使购买行为发生），那么他也会买一部分产品。

在整个运营的过程中，要掌握一个关键点：我们一定要在养殖户来的这6次过程中，引导养殖户购买其他产品。只要引导成功一次，我们这次送的礼品钱都能赚过来。如果六次都失败了，那么我们在这个养殖户身上，这3000元的货款是不赚钱，甚至赔钱。

当门店客户如云时，其他养殖户看到这种现象，也会有所触动（门店来的客户越多，那么越有客户进门，反之则相反）。给所有客户造成我们家的生意是最好的景象，吸引更多客户进门。

当养殖户的数量达到一定程度后，我们要给养殖户规定：这个乡镇的养殖户1～10号来领礼品，另外几个乡镇11～20号，其他乡镇21～30号。把客户分流，防止客户拥挤在门店上，造成门店营销失效，而导致客户上门的机会浪费。

这种方式可以解决，让养殖户主动上门的问题。那么面临的第二个问题就是，如何让养殖户买产品。

你有没有这种经历，我们去路边小卖部买东西时，无论小卖部老板给你拿什么商品，我们的第一反应就是："能不能便宜一点"。但我们去超市里买东西，没有一个顾客给收银员讨价还价，甚至几分钱的零钱也不给你免掉。

为什么会出现这种现象呢？我们也明明知道，同一种商品，同一个品牌，所有的都一模一样，但小卖部卖的价格要比大超市便宜，但我们还是下意识的要和小卖部讨价还价。

还有一种现象，当我们去大药房买药品时，拿完产品之后，都很自觉的去收银台结账走人，很少有人说："老板，先记上账，下次一起付账"。

而我们兽药门店的顾客恰恰相反？养殖户拿完了产品，就说："先记账吧"。更有甚者，关系好的养殖户，这句话也省了，直接拿着产品就走，连这句话也省掉了。因为你们双方已经默认了赊账。

那么到底是什么原因造成这种结果呢？只有一个原因就是"场景不同"，所以导致顾客有不同的心理。所有的问题出在我们门店的布局上，也就是我们所说的"场景布局"。

好的"场景布局"自己会说话，他会"告诉"养殖户整个购买产品流程。那么我们设计"场景布局"有什么目的呢？主要是实现现款交易流程，让养殖户养成习惯，自觉完成去拿产品、付账、走人三个步骤。

可以看医院的流程：先找医生给我们诊断患病的原因，需要化验的化验，需要检查的检查，做检查和化验前，先去收银台划价（收费不说是收费而叫划价）。做完之后，再让医生诊断，诊断完再去划价，之后去药房拿药。

每个环节的负责人只负责一项，那么收费就变得非常简单，因为你不完成这个环节，下个环节就无法进行，所以我们很自觉的去交费，甚至没有人对药物价格的高低关注过。

作为兽药门店，我们该如何布局，能让养殖户也主动交钱，进入现款交易序列呢？

所谓的布局，就是像交通信号灯一样，不需要再进行普及，客户自己都知道该怎么做。那么我们到底该如何操作呢？

具体操作如下：在整个布局里面，要把我们门店内所有物品全部清除出去，只保留两样物品，一个是收银台，放在门店门口；一个是长形茶台，放在合适位置。

茶台的目的就是，当有养殖户来门店上时，可以边喝茶边交流问题。我们给养殖户交流的问题要提前备好，当前季节所流行或常见的10个问题。

这10个问题轮换沟通，总有一个问题是养殖户关注的（每个养殖场都有这样或那样的问题，大部分情况下养殖户不是不愿意告诉我们，而是这个问题不是当下他关注的），一旦找到养殖户关注的问题，那么就进入了我们擅长的领域。最终的结果是，养殖户走的时间都是带着产品走的。

人少的时间，就在茶台进行沟通，养殖户达到10个人左右，就可以现场开课了，针对某个问题，可以详细的进行讲解沟通。最终的目的是让养殖户购买产品。

我们要针对进门店的养殖户要进行店面营销。

人员进行分工如下。

（1）经销商负责在茶桌前负责和养殖户进行技术交流，"10个常见的技术问题"轮流进行沟通，"总有一个问题适合你"。

（2）凡是沟通之后需要拿产品的，由店员负责拿产品。

（3）收银员负责结算账单。

茶台的主要功能就是谈生意。讲到这里时，有经销商朋友就会有疑问了："如果讲课，就会耽误养殖户的时间，一旦到吃饭时间，那么我们是留养殖户吃饭呢？还是不留。"

关于这个问题，新乡市原阳县吴老师告诉我他是怎么处理的：吴老师的门店对面是一家少数民族开的羊肉烩面馆，每天中午，到门店的养殖户，只要中午不走，每人发15元的餐券，含一份烩面、一盘素菜、一瓶啤酒。餐券上盖上门店的章，每天给饭店结账。

我当时就问吴老师："这么多人吃饭，这样成本是不是很高呀？"

吴老师说："费用也不是特别高，凡是在这里吃饭的养殖户，走的时候多少都会带一些产品，有的是疫苗，有的是药品。总体上算下来，比单独邀请养殖户参加圆桌会议要划算的多。"

收银台要放在门店的门口，有专一的人员进行收银。操作过程要掌握一个非常重要的环节，就是经销商（或技术老师）不要去给养殖户拿产品，所有产品都是店员（如果没有店员，老板娘或收银员代替）去拿。

那么拿完产品，收银员就把账单给养殖户，让养殖户付款，那么整个现款交易系统慢慢地就会建立起来了。

其次要做好门店客情关系的维护工作。

在炎热的夏季，养殖户刚进门，我们的店员随手就把一个雪糕给养殖户递过去，"天太热了，先吃块雪糕"。养殖户说："我胃不好，不能吃凉东西"，把雪糕放下，再给养殖户拿瓶矿泉水。在养殖户进门的第一时间博得养殖户的好感。

最后要设计好随手礼。

当客户结完款之后，给客户一个随手礼，礼品价格不一定高，但一定要有。例如，蓝大褂、水杯、胶靴等礼品。这样的目的就是利用峰终定律，在客户走时，给客户留下一个好的印象，为下次购买留下伏笔。

7·3法则

什么叫7·3法则呢？指的是客户在购买某个产品前，至少要见到7次这个产品或广告；可以要长期固定下来购买某个品牌，至少要主动购买某个品牌3次以上。所以这种现象合在一起，称为"7·3法则"。

为什么一个客户购买某个产品需要见到这个产品或见到这个产品广告7次以上，才会产生购买行为呢？主要原理是客户信任的问题。我们在日常生活中，会遇到这种情况：我们在看电视剧时，最烦人的就是某些产品广告，一遍又一遍的播放。虽然反感，但是无可奈何。

某一天我们进某个超市时，突然看到了这个商品，我们会下意识的想："这个产品不就是电视上天天广告的那个产品吗？"在心里反而对这个产品有一定的亲切感。这种亲切感来自于，好像对这个产品熟悉的感觉实际上我们对这个产品根本就不熟悉，是因为我们见的太多了，产生了一种熟悉的感觉。

那这个现象和我有什么关系呢？我们在向客户推销产品的时候，会遇到这种情况：我们给客户讲的已经非常到位，客户也非常认可。但是到购买环节时，客户却说"让他们先用吧，我和他们比较熟，他们用好了，我们都会用。"

这种现象是什么原因引起呢？就是因为客户在我们给他推销产品的时候，第一次见到这个产品，产品名称和企业信息都是第一次听说，所以很陌生。虽然你讲的很生动，客户也很认同，但为了安全起见，先等一等吧，"先让他们用，我看到效果后，肯定会买"。

只有一种情况下客户会在第一次见到产品，就产生购买行为。就是客户的朋友给他说："你买吧，我用着不错。"只有这一种情况，借助的是客户对朋友的信任，利用的是信任背书的原理。

为什么要客户接触我们产品 7 次以后才会产生购买行为呢？

用户在接受新事物，新品牌，新产品时，用户心中有一个接触次数的"阈值"（就是临界值的意思）。就算第一次接触再有创意，再有诱惑力的产品，但如果次数不够，用户就很难在心中给你留下位置。这个问题的本质是，你影响用户的次数，没有突破"阈值"。

影响用户这件事，不是"一见钟情"，而是"日久生情"，成交的过程是先和客户"谈恋爱"，才有"结婚"的机会。那到底影响多少次，才能突破"阈值"呢？这个阈值，当然因人而异。但如果必须要有个指导数字的话，营销界通常认为，7 次比较合理。

影响用户 1 次，几乎没有任何价值；第 2 次影响，才会有一些效果；短时间内，连续影响用户 3 次，才能达到预期效果；7 次，是影响用户的最佳频次，也就是"阈值"；超过最佳频次，影响的效果和性价比，都开始下降。

"7 次法则"的核心，不是 7 次或者 8 次。它的核心是重复的力量。正如战略营销专家华杉老师说的：传播的本质，在于重复；受众的本质，在于遗忘。

那这个"7 次法则"，还能解决哪些商业世界的问题呢？

连锁便利店就是利用"同城密集开店"的策略，可以快速的突破用户的阈值。用户在这里看到一家，在那里看到一家，看到第 7 家店，第 8 家，第 10 家，终于接受了你的品牌。

那么我们有什么方法，可以让客户在购买前，见到产品 7 次以上呢？

以兽药产品为例，讲一下兽药产品这种线上和线下的宣传方法。

兽药门店想让一个产品在最短时间内，这个县城所有的养殖户都知道，最好的方法就是挂条幅。每一个养殖户场挂一天，有多少个养殖场，就挂多少条。

一个条幅 3 米长、50 厘米宽，用 8 颗钉子。至少可以坚持 6 个月以上，条幅的颜色都变了，但条幅还是不会掉。

我们要在最短时间内将所有条幅挂完，让养殖户有一种一夜之间这个产品的广告遍地都是，给客户的是一种震撼。"这么多广告，那证明这个产品应该是一个非常不错的产品，至少可以试一试"。

挂条幅时，一定要给养殖户沟通好，跟您挂的是一个"护身符"，让您今年养殖发大财呢！一般养殖户都会帮我们看着，风刮掉一个角，养殖户自己都会帮我们再钉好。

养殖户每天进出都会看到这个条幅，别说 7 次了，700 次也会有。我们这样做的目的，就是要让养殖户，在进我们会场前，对我们的产品已经非常熟悉了。

这是我们的线下运营方案，同时我们也要开展线上运营方案。线上我们要每天定时的发送单个产品的广告。换着不同的方式进行微信群宣传。

把每天给养殖户送货的图片发进去,有视频更好,"这是个李老板送的×××产品,李老板今年养殖搞的非常不错,再加上使用咱们的×××产品,今年至少要挣个100万呀,祝李老板养殖发大财!"

关系不错的养殖户,也可以在群内分享使用这个产品后产生的效果,给养殖带来什么经济效益。

所有线上线下同时进行,再加上造势影响。针对使用某个产品比较好的养殖户,在年底开年会时,在蛋鸡上选出2~3家使用本品后,产蛋高峰期在12个月以上的。

在年会上,这2~3家,每家颁一台价值5000元的大电视。让所有没有用过这个产品的养殖户,产生羡慕的感觉。同时给予使用本品半年以上的客户,每人颁一个铜牌"某某某门店战略合作伙伴,蛋鸡养殖标杆示范户"。让养殖户挂到自己的大门口,每天进出看到时,就会想到这个产品。

我们所做的一切都是为了,让客户对产品有一种熟悉的感觉。有了这种熟悉的感觉,产生购买行为就水到渠成了。

产品销售出去之后,面临着最大的问题就是,如何把老客户留下来,能够长期购买产品。这就面临我们讨论的第二个问题,就让主动推广给客户三次以上的产品,三次以后,客户会产生主动购买的行为。

回购篇

让客户产生回购行为,就是要利用各种手段打动客户情绪,让客户产生重复购买的行为。

利用同盟关系,通过机制把陌生的客户和我们组成一个组织,在这个组织里,我们利用"一家人"的原理,建立良好的客情关系,从而达到"绑架"客户的购买行为。

十一、同盟原理

☞ 身份信号对个人行为的影响

人类是群居动物,在群居生活中的人,很难适应去面对孤独生存。从原始社会人们区分为各个部落,到今天我们人类区分为哪个国家,哪个省份,哪个市,等等,都是在区分自己的身份,也是在确定自己的身份。同样身份的一群人在一起,大众的共同选择会影响到个人的决策,这也是我们经常说的"从众心理"。

所谓从众心理,一定是具有相同身份信号的人之间才会有相互影响作用,没有共同身份信号的人,之间能够相互影响的力量非常小。例如,一个去非洲旅游的游客,看到非洲某个部落在举行某项仪式,那么他不会有像部落里的人一样虔诚关注这个仪式的冲动,除了好奇,没有其他的了。

这种身份认同的心理,是直接刻在我们基因里面的,是我们人类长期进化,优胜劣汰优秀基因的延续。当我们人类还是猿人,还住在大森林、大草原上的时候,突然身边有同伴发出警报,喊完立刻开始飞奔,这时候你会跑去查看那个危险的源头是一只老虎还是一只狮子吗?不会吧,你要做的选择就是跟着同伴一起跑,对吗?

当我们听到原始森林的草丛里有"嗖、嗖、嗖"的声音,你是要打探清楚草丛里是什么东西,还是和其他同伴一样,接收到同伴报警一起跑掉呢?

这就是"从众心理"的原始版本,也是人类相互影响的第一种结果——相互模仿,你干什么,那我就干什么。

社会上的各种流行趋势(包括服装、住房、饮食习惯、出行方式)就是从相互模仿中诞生的。在国外有人做过这样一个实验:有一大片刚刚整理出来的停车场,暂时管理人员,附近的居民发现了之后开始把车停过来。地面上也没画停车位,那么人们停车的时候会遵循什么原则停车呢?

实验的结果是:所有车停车的朝向基本上是取决于那个第一辆停进来的车。第一个车主恰巧喜欢东西向,后边的车跟着全停成东西向。第一个车主停成了南北向,后边全跟着南北向。

在我们生活中有很多这样的案例,"中国式过马路"现象就是一个非常典型的相互模仿，而又没有负罪感的违规案例。看到别人横穿马路时，自己也会模仿，当模仿的人多了，违规就是一件心安理得的事情了。

那么人类为什么会有这种模仿行为呢？原因有以下三个。

1.简化决策的麻烦

人类大脑是懒惰的，决策一件事情，特别是自己认为不太重要的事情，往往不愿意动用理性思考系统，去花费太多精力和时间。如果要把某件事都按照严格的逻辑，再推演一遍，自己再得出一个结论，这样做会太辛苦、太费事。于是人们找到了偷懒的最好方法，那就是看其他人怎么做的。看到别人做了之后，没有太坏的后果，那么自己就直接模仿，原理是："大家都这样做了，肯定不会有错"，这也是人们的"跟风"和"从众"行为。

最典型的案例就是找餐馆吃饭这事，往往我们在选择餐馆时，都喜欢看看，哪个饭店人多，就证明这个饭店的饭菜质量肯定错不了。认为大众的选择是不会错的，所以"饭店人越多，进来吃饭的人就越多；越没有人进的饭店，生意越冷淡"的现象非常明显。

2.受大脑镜像神经元的生理驱使原因

人类的大脑中存在一种特殊细胞，叫作镜像神经元。当一个人做某一个动作时，而观察他行动的其他人的大脑会如同复制镜像一样，也会在大脑同等区域产生活跃行为，如同自己大脑也在控制自己完成同样的动作。由于镜像神经元的存在，大脑会驱使我们倾向于做出和他人相同的举动。所以说，相互模仿人类是有生理基础的。

3.受群体压力影响

我们不想让别人感觉自己另类，不想被群体排斥，想成为人群的一部分。例如，我们一群朋友在饭店内吃饭，大家都吃的差不多了，服务员忽然过来问要不要来点主食呢？你正在心里琢磨吃米饭还是面条时，结果朋友们都说已经吃撑啦，没有一个人点主食。那么你会怎么办？这个时候大多数人就会说，那我也吃饱了，不要了。

人类相互模仿，需要有共同的身份信号，有这个基础，才会有模仿行为的出现。那么什么叫共同身份信号：具有某一个或多个共同身份的一群人。例如，人们教师，有老师身份这个共同点；都是男人，有男人身份这个共同点……

我们了解了身份信号的概念，那么哪些因素对身份信号有一定的影响呢？

1.身份信号与是否公开化正相关

身份决策越公开，身份信号越容易发挥作用。看不到的决策没法用来彰显身份，因此公开化是身份信号的前提。

一个大学教授，在一群陌生人面前，他也可以像一个普通人一样肆无忌惮的沟通、交流、喝酒，一旦当中公开他"大学教授的身份"，那么这个教授就会按照一个教授形象去注意自己的言谈举止。

一个成名的明星，不得不按照"公众人物"的身份信号去注意自己的言谈举止。而在家或者特别熟悉的朋友之间则不需要那么矜持。就是因为身份信号在起作用。

一个领导就应该有一个领导的样子；一个学生就应该有一个学生的样子；一个长者就应该有长者应该有的样子。这就是我们给每个身份信号给予的人为"规定"，脱离了"规定"则不正常。

那么守不守身份信号的压力约束，取决于该人员的身份信号是否公开。

2. 身份信号和付出的成本正相关，付出的成本越大，身份信号的作用越独特

"成功人士"的身份信号需要有别墅、名车等硬件的彰显，所以要维持这个身份信号，就需要在这些硬件上多下功夫。

"资深球迷"的身份信号需要你花大量的时间成本，必须十年如一日地花功夫了解球队信息，百忙之中挤出时间到现场看球。只有你花费大量精力和时间，才能证明你是"骨灰级"的资深球迷。

付出的成本越大，身份信号的门槛越高，局外人进入圈内的可能性越小，这样一来它就能够持久地成为区别圈内和圈外的标志。

3. 身份信号和功能性负相关，功能上的考虑越弱，身份信号的作用越强

两款普通品牌的耳机，选哪个不选哪个，通常看的是音质如何，线是不是够长，有没有麦克风，这都是基于功能上的考虑，跟身份信号扯不着。功能上没啥用的东西，用作身份信号往往才有出奇制胜的效果。比如男人的胡子，有啥实际用途吗，没有，但男人会很在意，有人天天刮干净显得干练，有人想尽办法留起来，培养大叔气质。

身份信号是如何决定社会影响的？

当一件事情被视为身份信号，人们会观察那些已经做出决策的群体。如果觉得自己是那个群体中的一员，或者希望成为其中的一员，那就倾向于模仿；如果觉得自己没法进入这个群体，或者希望和这个群体划清界限，树立独树一帜的形象。

因为模仿的本质就是行为的改变。如果我们想让人更多地做一件事，或者不再做一件事，身份信号可以起到很好的作用，经常比讲大道理、分剖利弊要管用得多。

有人就针对美国大学生的一些行为改变做实验：在美国，有很多大学生在派对上喝得一塌糊涂，烂醉如泥。这在美国校园是一个棘手的问题，大学生普遍酗酒，带来了特别多的意外和健康问题。

为了减少大学生酗酒现象，几个教授一起设计了两种劝诫海报。一种海报是一幅画，上边画了一个邋里邋遢的酒鬼，叼着根烟，拎着个酒瓶，又红又肿的酒糟鼻子，走

起路来跌跌跄跄，让人一看就特别讨厌；另一种海报上告诉人们每年会有1700名大学生因为酗酒死于非命，为了你的生命和健康，请千万不要过量饮酒。

设计出来之后呢，教授们把这两种海报分别张贴在不同的宿舍区。结果怎么样，张贴酒鬼海报的宿舍区比张贴1700条生命海报的宿舍区相比，饮酒量减少了50%。在人们的潜意识里，身份信号的重要性居然超过对生命的重视程度。

案例：一家节能公司遇到的问题是，有些居民区的用电量一直居高不下，怎么能够号召人们节约用电呢？为这事，他们先找了一部分家庭做问卷调查，问他们，如果在电费通知短信上加一句话来提醒你节约用电，哪个方案会比较好。

第一个方案加的那句话是说节能可以保护环境，体现公民责任感；第二个方案说可以降低家庭开销，给家里省钱；第三个方案是提醒说，在你的小区当中，已经有多少多少人加入了我们的节能行动。

在做调查时，一般都是前两个方案，对第三个方案感觉很可笑："谁会那么在乎自己的邻居是不是节约用电呢"？

最后的统计数据却让人大跌眼镜：只有那个强调其他人都在节约用电的短信，起到了明显效果，用电量立刻得到了下降。这就是身份信号影响着大众。

我们平时比较关注的新闻，其实就是利用的是人类的身份信号的反向应用。一个母亲的身份信号是：不顾一切的关爱自己的孩子，为了孩子，宁愿付出自己的生命。所以那些在地震中，为了保护自己的孩子的母亲，被我们当作正能量在宣传。那些为了打麻将，导致孩子丧命的母亲，被列为负面新闻。

☞会员制可以达到的目的

如果一个白手起家的人，现在需要做一个项目，资金不够，该怎么办？我们能想到，会给予我们帮助的只有父母、兄弟姐妹或者好朋友。

为什么能想到第一个会帮助自己的是父母、兄弟姐妹或者好朋友呢？因为在社会的竞争里面，我们都是"同盟"。简单地说就是，我们都是"自己人"。

因为有了"自己人"这个身份信号，在我们遇到困难时，这些"自己人"在大部分情况下，会按照身份信号的"要求"去帮助我们，给我们以支持。

但在社会竞争中，我们除了接触"自己人"之外，更多的会接触陌生人，但这些陌生人没有"自己人"的身份信号，也没有必要和义务来帮助我们，甚至还会给我们制造一部分困难或障碍。

那么有没有一种方法，可以把陌生人变成为同盟者呢？如果真的有一种方法，把我们面前的陌生人，都变成同盟，甚至变成完全可信任的"自己人"，那么一切社会竞争和销售将会对我们非常有利！

在思考"把陌生人变成同盟者"这个问题之前，需要先考虑另一个问题：我们和对方是不是已经是同盟了？也许本来就是同盟，可能不需要重新建立新的同盟关系。

什么样的关系是天然的同盟关系呢？同学、战友、校友、老乡、曾经同事，甚至有同样的国籍都行。但是，这些所谓同盟关系在特殊条件下是有效果的。比如说，如果在新闻里看到战争中倒下的军人是自己的老乡，那么看新闻的人会更加反对战争，我们可能很容易在生活里面感受到老乡的力量。

那同一个国籍是怎么回事？很多人觉得国家这个范围也太大了吧，我在中国生活，周围的人基本都是中国人啊，这怎么算同盟？在很多微信群里，会见到这样的文章，文章的题目都会出现"中国人"这几个字，比如"是中国人就转起来"之类的。

这种文章的阅读量和转发量还是很大的，它利用的就是"中国人"这个身份信号，凡是有"中国人"身份信号的人，都具有爱国的属性，既然爱国，我们就是同盟，是自己人。既然是自己人，那么对中国有利的事情，你一定要参与转发。很多人看完之后，没有动用理性脑，看看这个事情的真实程度，反而按照情绪要求，毫不犹豫地转发出去了。

如果说这种同盟比较虚无缥缈，那么来看个人如何通过行动与陌生人建立同盟关系的方法。

1. 同步行动或共同爱好

有专家做过这样一个游戏：把20个人，分成相等的两组，每组10个人。然后规定游戏规则如下。

A组的游戏规则是想要赢得更多的分数，就要和同伴做出一样的选择，一致性越强，得分越高。

B组的游戏规则是，想要得分最多，就要和队友做出相反的选择。

游戏结束之后，研究员就发现，那些和别人做出一样选择的人，会觉得自己和同伴的关系更好了。和别人做出相同的行为好像有一种魔力，可以让彼此更加喜欢对方。

如果没有共同行动的机会，你还可以借助其他工具，比如说音乐，让同伴和你产生共鸣。一起听音乐，很容易在肌肉运动、韵律、节拍和情绪上达成一致，而这种一致就会给我们带来同盟的感觉。

科学家做过这样一个实验，组织两组儿童参加一个游戏，其中一组让他们一边唱歌一遍绕着圆圈走，他们的动作要跟上音乐的节拍，而另一组只绕圈，没有音乐。后来让这些孩子展示自己助人为乐的精神，有音乐的这一组答应帮助别人的概率比另一组高了

3倍。

实际上，音乐有着非常特殊的作用。它会让人们很难进入理性的思维路径，让人更容易受影响。大文学家伏尔泰也曾经说过："说出来愚蠢的话，唱出来就不一样了"。为了影响用户，我们能发现，有很多广告的宣传语都是唱出来的。

这也是我们在很多营销培训课程中，都会有这样的要求：我们要拜访陌生客户时，要和客户的坐姿、语速等要保持一致，他的原理就是好和客户保持"一致行动"。甚至还要获得客户的爱好，从客户的爱好谈起，从而获得客户好感，进而达到同盟的目的。

2. 互相交换信息

这个方法看起来很平常，实际上厉害得超过人们的想象。这个方法可以让人们产生非常强烈的情感亲密感。想在最短时间之内拉近和对方的距离，最简单的方法就是，把自己的人生经历毫无保留的和对方讲一讲。

我们给对方讲完人生经历，那么对方也会"忍不住"的要把自己的人生经历讲给你听。这种形式就像两个人换了"生辰八字"，在最短的时间内，两个人的感情急剧升温。

如果没有机会和对方交换"生辰八字"，还有两种方法，就是打牌和喝酒，这两种活动，都可以在最短时间内和对方亲近。

3. 共同创作

两个人一起完成一件事，会让他们更加亲密。对企业来说，可以利用这个原理。比如说在设计新产品的时候，可以让用户参与进来，或者不断征求用户的建议，这些都会让用户更加喜欢这家企业。

对于一个陌生人，我们通过什么方式，让他成为我们的同盟呢？我们有共同的爱好——乒乓球，那么我们可以成立以乒乓球俱乐部，让有共同的爱好的人加入进来，定期举行活动。那么这个陌生人因为我们是一个同盟——乒乓球俱乐部，而产生亲近和信任感。

作为一个销售企业，我们如何把客户纳入同盟，让我们的客户加入公司，最终成为"自己人"呢？

那么还真有一种机制，可以达到这种目的，那就是会员制。

会员制操作方法：企业设定会员的标准和条件，然后不断的让更多的客户加入进来，针对会员举行一系列打动客户情绪的事情或行为，稳定客户、吸纳更多的客户进来。

客户进入我们会员这个平台，那么就会和公司形成同盟关系。既然是一家人，那么在给会员的服务和产品价格上都会有相应的优惠和政策。

会员的操作原理就是找到身份信号的共同点，然后把共同点无限的放大，公开身份信号，让所有的客户认可自己的这种会员身份信号，然后利用客户认同的身份信号做营销工作。

所以会员制在操作时，需要注意以下几点。

（1）明确客户需要怎么做，才能加入这种身份信号。有明确的规则，并不是客户平白无故的就可以得到，需要付出一定的沉没成本。有了沉没成本，客户对这种身份信号就会重视，才会参与我们组织的"自己人"的活动。

（2）公开客户的身份信号，并且要让客户承认这种身份信号。那么公司就要经常做一些，区别身份信号的活动，不断的加强客户对身份信号的认同。例如，会员客户可以享受什么政策？成为会员后可以享受什么福利，多次时间举行一次？在公司内部，会员和其他客户到底有多大的差距？固定下来，长期进行，目的是形成文化，最终获得客户认可。

这种身份信号的确定，不是靠宣传，而是靠不停的用实际行动去落实，让客户自己感受到的。

例如，成立一个饲料添加剂协会，不是给参会的所有人员发一个证书，证明他们在协会的身份，而是要经常的组织协会活动，让每个会员都参加，并且有参与感，慢慢的这种身份就会得到认可。

（3）不断的重复、重复、再重复客户的身份信号。让客户自己对这种身份信号，发自内心的认同，并让客户参与进来，真正的可以成为一家人。从产品的设计，到产品的销售，都可以参考会员的意见。只有这样，我们和会员才真正的是一家人。利用我们的真诚，打动客户的情绪，引起客户的行动。

这种机制建立的目的就是，让没有任何关系的陌生人，通过机制产生自己人的感觉，慢慢的认可"自己人"的身份信号，并按照身份信号的要求，参与销售的过程。

这些"自己人"按照身份信号去做的过程中，享受到一定的好处，结果激发这种"自己人"的好感，从而再次促使再次按身份信号行事，然后再得到好处。这种循环往复的良心循环，最终达到销售的目的。

☞会员制存在的意义

会员制是一种人与人或组织与组织之间的进行沟通的平台。它是某个组织发起，并在其管理运作下，吸引客户志愿加入，并保持组织者与客户之间的联系沟通。

组织通过发展会员、维护会员、锁定会员，为会员提供差异化的服务和精准的营销手段，可以达到提高客户的忠诚度、增加企业的销售额、增加企业的长期利润的目的。

这是会员制就利用会员建立部分客户新的身份信号，通过对会员身份信号的打造，来感动客户、吸引客户、增加客户黏性，以达到打动客户情绪为目的，影响客户对企业的"偏好"，从而影响客户的购买行为与决策。

会员制具体有哪几方面的好处？

1. 可以帮助开发大量的新客户，起到企业引流的作用

某水果店，在开业第一个月，就开始推广一种会员卡：交100元现金，可以办一张会员卡，每天可以来水果店领1斤任意水果，连续领100天。相当于每100元可以买100斤任意水果，对客户来讲，这个优惠力度是相当大的，因为低于1元1斤的水果现在非常少。

会员卡设计好之后，水果店老板把店内所有员工进行培训话术。然后安排员工针对水果店方圆3公里之内的所有商铺、企业、事业单位、进店的顾客等，进行会员卡推销。在短短的一个月时间，卖出去了2300多张卡。

水果店相当于在短短的一个月时间，收回现金23万元，等于整个水果店一年的房租及装修费用全部收回来。

很多人会问："100元买100斤任意水果，那不是赔钱生意吗？"如果按照正常的计算方式，肯定是赔钱的。但水果店老板有自己的设计：如果说有人每天来店里就领1斤水果，肯定是赔钱的。但水果店在赌："你跑了这么远来，就买1斤水果，你的沉没成本太高，所以你不会只买1斤水果。"只要你买的水果数量超过1斤以上，那么我们不赚你这1斤水果的钱，我们赚你1斤以上水果的利润。

事实证明，有10%以内的人，确实每天只领这1斤水果。但还有90%的客户选择了买更多。

水果店采取的另外几条政策。

（1）你买多种水果，我们按品种价格最高的水果给您赠送。这样吸引更多客户买更多品种，无形之中增加了销量。

（2）把一些品质比较好、单个重量小的水果（如苹果、橘子等），水果店提前给客户挑好，5斤一兜的、10斤一兜的。水果店挑的水果，要比顾客自己挑的还要好，因为是网兜，一眼都都能看出来，兜内的比兜外的还要好。用的是锚定效应，让筐里的水果就是为了和兜里的水果进行对比，让客户之间选择"拎一兜走人"。去结账时，5斤水果，就收你4斤的钱，挣的就是这4斤的钱。

这些政策的出台，直接导致水果店每天都有几百人，甚至上千人都在挑选水果，从早上到晚上，人流从不间断。

所以会员制可以起到了引流的作用，让一个水果店，从开业一个月之后，就永远的不缺客户。

某家刚开业的二星级酒店，原房价是 398 元 / 标间。在开业第一天就出台了相关的政策：

（1）方案一：凡会员充卡 5 千元，可获得银卡一张，每月有 10 个房间（可以一天用完，也可以分十次），可享受半价房费优惠；

（2）方案二：凡会员充卡 1 万元，可获得金卡一张，每月有 10 个房间（可以一天用完，也可以分十次），可享受 100 元 / 间房费优惠；

（3）方案三：凡会员充卡 2 万元，可获得钻石卡一张，每月有 10 个房间（可以一天用完，也可以分十次），可享受 50 元 / 间房费优惠；

此项政策一出，在短短的三个月时间，办了 2000 多张。整个酒店的人流量是相当可观。

对于一个酒店来讲，客户的满房率是至关重要的。虽然在房间上有一部分利润比较低，但增加人流量之后，酒店又把大厅做成了礼品区。每天有为住宿客户，免费抽奖环节，引起了大量的客户围观。有了围观客户，那么销售土特产就成了水到渠成的，而更多特产的是客户自己花钱买的。

2. 会员制可以帮助企业稳定老客户

某饭店推出这样一条政策：充值 1000 元，可以办一张会员卡。卡内有 1000 元的现金，同时赠送 8 条 68 元 / 条的黄河大鲤鱼。

看到这条政策，我一计算 8 条 68 元 / 条，充值 1000 元，相当于返了 544 元。这样的政策太划算了！再者 1000 元的金额也不高，完全在自己的消费范围之内，立马就充了一张卡。

第二天在去这家饭店吃饭时，我就开始犯愁了：8 条黄河大鲤鱼怎么吃？一个人吃吧，太奢侈了；再叫几个朋友一起吧，点一条鱼太少了，至少需要再点几个其他的菜。

就这样为了消费完这 8 条黄河大鲤鱼，我去这个饭店八次，点了 8 桌饭菜，总消费 3000 元都不止。小小一张会员卡，等于是拴住我 8 次去店消费的机会。

还有隔壁的一个海鲜饭店，"套路"比这个还要深。我一次在他们饭店消费了 800 多元钱，去结账的时候，服务员说了："先生，我们最近有活动，您充值 2000 元，您今天消费的 800 多元可以免单。"我一计算，充值 2000 元，确实很划算。于是毫不犹豫的就充了。

为了防止这个饭店中途关门不干了（有很多饭店收完充值钱之后，就关门不干了），我第二天又去了这家饭店，想把卡里面的钱，早一点消费完。

结果第二天中午，吃饭消费还是 800 多元。去结账时，服务员告诉我："先生今天是周六，周六这天在我们店消费有特殊政策，就是现金结账半价。您是刷会员卡呢？还是用现金结账？"

我一听，这个比昨天的更优惠，那就现金结账吧。结果充值了2000元，消费了半年多，居然卡内还有2000元。每次去结账，会员卡内的钱居然都用不上，每次都是我自己心甘情愿再拿现金结账。

这种越着急用会员卡内的钱，每次都有新活动，根本用不上。越是用不上，越着急用，结果可想而知，去这家饭店的频率最高，不是因为饭菜好，而是怕自己吃亏（怕店家中途不干了，会员卡的钱就打水漂了）。

这个饭店，我越想快速的把卡内的钱消费完，去的次数就越多，结果是"越陷越深"。

3. 会员制可以帮助企业回笼现金流

某一家饭店连锁店，在某地的扩张速度特别的快，在短短的半年的时间，居然扩张了100多家。每个饭店房租加装修费用，400多平方米的面积，按照中等城市的费用，怎么着也需要100万元现金流。短短半年时间连着开了100多家，那么现金流就需要1亿元左右。这么大的现金流，对于一个刚起步只有2年的企业来讲，不太现实能够凑够？

最后经调查发现，这家连锁店，每开一家饭店，在试营业期间就开始向顾客兜售会员卡。充值1000元，返现400元；充值3000元，返现1500元；充值5000元，返现3000元；充值越多，优惠越多。

在短短的两个月时间，可以收回现金在130万元左右。我感觉这家饭店，返还这么高，应该不挣钱。于是就和他的店长请教："一个饭店的纯利润应该在40%左右，你们这样搞活动，那么饭店应该是没有利润的"。

他的店长告诉了我另外一套理论：我们这个饭店一共投资在100万元左右，我们每个会员充值1000元，我们两个月时间卖1000张会员卡，是没有问题，相当于我们两个月的时间就收回了饭店的投资成本。

换句话来讲，就是我们花了两个月时间，找了1000个客户，众筹了100万元，开了这一家饭店。那么这1000个客户，现在相当于都是我们的老板（众筹人之一）。你见那个老板来自己饭店里吃饭给钱的？而我们是收钱的，只是没有收他的利润而已。

而且这些人消费还不是在同一时间内，全部消费完。例如，这100万充值款，一年时间客户消费完，我们相当于有一年的周转时间。我们可以拿着这些钱再开第二家、第三家，甚至更多的店。

4. 会员制可以增加客户的黏性

会员积分和会员福利这两个政策，在操作时，会定期给客户兑换礼品和福利，每一次的兑换礼品，都会给客户带来惊喜和感动。长期下来就会打动客户的情绪，让客户长期和我们合作。因为产品在哪家买都是一样的，但在我们这里消费，可以额外多得礼品。

5. 会员制可以使企业的销量倍增

在兽药销售中，每个兽药门店都想拥有更多忠实的客户。都想在促销时，单个客户能够收的预付款越多越好。但我们往往忽略的客户的感受，客户的情绪。

单个养殖户，我们一次活动想收他1万元，至少要20%的返货或礼品；收2万元，客户想要30%的返还；收3万元，客户就想要40%的返还。一个门店的利润是有限的，如果我们的利润都在促销中消耗没有了，那么收再多的预付款，也没有任何意义。

但我们如果门店有200个会员，那么一个会员参加2000元的活动政策，是没有任何问题的。一次活动下来就是40万元的销量；如果是3000元的活动将会收到60万元的销量；假如我们的会员数量是500个呢？

讲到这里很多朋友会问：会员不可能都参加吧？我们设计的活动政策，只要是会员，95%以上都会参加。因为会员比普通客户的礼品更多。

☞会员制的应用

会员制在我们企业应用中，一共分为哪些种类？每一种会员制该如何应用？

1. 充值返现

这一种最普通，也是用的最频繁的一种，原因是这种会员制更像是促销。一般在节假日或企业庆典时用的比较多。

2016年有一位做兽药的经销商朋友，他当时咨询我说："我现在门店的欠款量比较大，用什么方法可以解决我的欠款，同时还可以走现款交易的模式？"

我当时给他设计的营销方案是：兽药产品充值3000元，赠送1000元的产品。

销售话术：现在我相当于借了您3000元的现金，您在一个月之内把货用完了，相当于一个月我给您1000元的利息。我先把利息给您（先给1000元的保健品），之后这3000元您想用什么产品都可以。

话术使用原理是，把客户的促销心理转变成利息的投资心理。同时把1000元的保健品也给客户推销进去了。我们都知道保健品的利润是比较可观的，相当于给客户的活动政策也并不是很高。

养殖户一听这个利息还是比较不错的，接受的客户概率比较高，平均每天可以有2～3个活动回款。一个月收回活动款20多万元，连续收了3个月左右，外欠款收回有 60% 左右。

2. 会员福利

一个兽药门店的会员营销方案是：养殖户单次进货 3000 元，或一次打货款 3000 元。每个月可以来门店上领不低于 200 元的会员福利，连续可以领 6 个月。

200 元的会员福利一般包括：一袋 5 千克大米，一袋 5 千克面粉，一桶 5 升金龙鱼油，一提卷纸，一桶洗衣液，一瓶洗发水六样（寓意六六大顺）。

第一个月给客户送礼品时，没有太多的感动，只有高兴。当连续送到第四次时，客户就有点受不了。可以再一再二，但再三再四的给客户连续送礼品的基本上没有。很多养殖户就非常感动，感动的原因不在于礼品多少，而在于打动的客户的情绪——这个兽药门店太诚信了，每个月都送福利。

那么在以后的合作中，养殖户对这个门店的忠诚度会非常高。

很多兽药经销商朋友会有困惑：每个月送 200 元，连续送六个月，相当于 1200 元的现金返还，这么高，这个兽药门店还有利润吗？这样做的目的，这 3000 元的活动款是没有一点利润，甚至还会有赔钱的可能性。但门店赚的是什么？赚的是养殖户来门店六次的上门机会；赚的是养殖户对门店的忠诚度；赚的是养殖户的信任。

活动成功的原理是打动客户的情绪，只要能打动客户的情绪，客户就会行动（购买产品的行动）。

3. 会员打折

会员打折的营销模式餐饮业、酒店等等行业应用的非常广泛。很多人会怀疑，这种会员打折有那么大的诱惑力吗？事实上诱惑力是非常大的，大到人性不可抵制的地步。

例如一个酒店的钻卡，原价是 398 元的房费，钻卡就可以优惠 100 元，即钻卡客户只需要付 298 元即可入住。如果客户要的是便宜的房间，那么可以住 160 元左右的快捷酒店，为什么愿意掏 298 元呢？就是因为客户有这家酒店的会员卡，可以优惠 100 元。客户要的不是便宜，客户要的是占便宜。这就是会员卡的魅力所在，占便宜的人性使然！

4. 会员特殊政策

现在很多高端车，银行，航空等行业都在使用的 VIP，达到一定级别之后就可以在飞机场、高铁站候车期间有 VIP 室可以休息。可以要的不是优惠和方便，客户要的是尊重与让人羡慕的感觉！

5. 会员积分

一个兽药企业电销部门的会员积分案例。

关于会员制的相关规定

会员客户的标准：

（1）只有养殖户才可以参与会员制度，经销商不参与此制度。

（2）养殖户单次（不累计）进货1000元以上，都可申请成为公司会员。以现金计算为准，赠货部分不算，含任何促销活动。

（3）成为会员客户后，公司人事部登记造册，建立客户的会员档案。一式两份，一份纸质版，一份电子版。

会员申请流程如下。

（1）业务员接到养殖户报货后，按正常报货流程进行。达到会员申请条件（本次购货金额达到1000元以上）后，需要申请参加会议的养殖户，业务人员把《会员客户申请表》详细信息填写后，递交给所在部门主管。

（2）由主管审核后，每天定时递交给人事部（暂时由人事部负责，后期会员客户比较多时，可以成立客服部，专一负责会员管理工作）。

（3）人事部接到申请表后，向财务部核对客户购货信息，向客户核对《会员客户申请表》信息的真实程度。

（4）人事部在24小时要核对完毕，并通知该部门主管，客户会员申请是否通过。

（5）未通过审核者或业绩已达到会员标准，但未申请的客户，公司将不按会员客户对待。

会员客户可享受的政策如下。

（1）公司的会员日设为每月的18日，当天购买产品可享受活动政策之上的9.5折。例如：某产品正常活动政策为5件送一件，会员日会员客户可享受"5件送一件"的9.5折。同时会员积分翻倍（会员积分只计算公司收到货款的那一部分，赠货部分不算）。

（2）每逢单月份（1、3、5、7、9、11）的18日设为公司的会员积分兑换日。

（3）会员积分计算为：1元（公司以收到现金为准）积1分。

（4）兑换积分的标准为货款的1%～2%，以生活用品为主。具体的礼品以当月实际购买为准。

（5）积分兑换的礼品费用，由公司承担，业务员不用承担任何费用。

（6）礼品发货以随货走或物流两种形式为主。如需走快递，业务员承担快递费用。

（7）会员客户生日期间，公司给予每个客户补助50元的费用，以业务员给客户购买生日礼品凭证，公司予以报销。

（8）会员客户生日当天购买产品，可享受会员日政策的基础上，再打9.5折。即购买产品金额×9.5折×9.5折。

客户积分兑换流程如下。

（1）积分兑换前5天，制定出兑换礼品标准及品种。

（2）客服将需要兑换礼品的客户名单报给财务。

（3）财务根据会员客户名单，拉出会员客户最近两个月的销售记录（以代收款或现金为准），打印出来，发给各个主管，在24小时内核对完毕。

（4）如果有疑问的可以单独和财务沟通；如果没有异议，在单子上签字，公司将按照该核对单上的金额给客户兑换礼品。

（5）积分每两个月兑换一次，不长期累积。若在积分兑换期间，非公司原因造成积分未兑换成功的，业务员自负其后果。

附：

会员客户申请表

所属部门：＿＿＿＿＿＿＿＿

业务员姓名：＿＿＿＿＿＿＿申请时间：＿＿＿年＿＿月＿＿日

客户姓名		地址	
电话		养殖品种	
养殖数量		养殖年限	
自繁外购（猪）		合作时间	
重视治疗或预防		注重品质或价格	
出生日期		受教育程度	
婚姻状况		配偶姓名	
配偶生日		子女情况	
个人经历			
兴趣爱好			
主管批示			年　月　日
领导批示			年　月　日
入档时间			年　月　日

十二、互惠原理

利用互惠的原理，通过感动客户，让客户始终处于一种非常想回报我们的状态。

客户回报我们的方式只有两种：买我产品和传我美名。这两种回报方式，都可以实现客户长期购买我们产品的目的。

☞ 基因只关心自己

在互联网的来临时代，很多人都在讨论一个问题：是线上取代线下，还是线下能够战胜线上，还是线上线下结合是未来最终的出路。新零售依然解决的问题是"人、货、场"三者的关系。换一句话讲，就是通过何种营销方式，把产品卖给客户的过程。

不管商业怎么变化，永远改变不了组成商业的三个基本元素（客户、产品、营销模式）。现在在我们研究更多的是营销模式，就通过线下的传统渠道，还是走互联网的信息引导，还是线上和线下进行结合（线上引导线下成交的模式）。营销模式改变的只是客户购物的形式（客户到底是在线下现场挑选产品、自己带回去，还是通过线上挑选、物流配送、货到体验），但没有改变客户购买的喜好。

也就是客户为什么要购买？客户喜欢购买什么样的东西？我们如何通过产品的体验，来满足客户内心需求。

我们要了解客户喜欢什么样的产品，需要通过什么产品体验来满足自己的内心需求，就要知道客户的"购买原力"在哪里？

什么叫"购买原力"呢？就是指人类在几万年长期进化过程中，有助于人类生存和繁衍的需要，被刻在了基因里，一旦我们通过某些产品体验把它激发出来，那么就会产生源源不断的购买力，这种力量我们称谓"购买原力"。

人性中最大的"原力"就是渴望得到更多人的重视和关心！

我们既然知道了，打动客户的"原力"就是尊重和关注客户，那么具体需要怎么做，可以达到目的：

1. 对客户一定要以"真"为前提

真诚，是为人处世的基本原则。只有出于真心，才能达到想要的结果，否则你只能弄巧成拙，被人说成是假真诚，真虚伪。人性中最深层的渴望就是得到别人的重视，所以真心实意地关注别人。

真诚表现在我们和客户在"博弈"时，一切以客户的利益为中心。产品出现问题时，不用一直把道歉挂在嘴边，要以"为后果买单"行动为准，减少客户的损失，甚至超出客户的期望值。千万不能以公司的利益为主，处处在计算费用，层层的官僚审核，让客户失去耐心。

2. 想要改变谁就先赞美谁

人性的一个特点是，没有人喜欢被命令，如果你真的想要改变别人，就要事事为他人着想，用赞美来激励对方。

如果你觉得这些方法一定能成功地改变别人，就有些天真了。因为真的操作起来，我们往往会过于心急，忘了赞美。取而代之的是批评、责骂和唠叨、抱怨。

可是批评和抱怨只能对你的人际关系产生极大的负面影响，因为任何人无论做错什么事，无论错误多严重，在绝大多数情况下，都不会自责，更不会轻易接受批评，这是人性的另一个弱点。

我们要想改变员工对客户的态度，就要改变企业对员工的态度。企业用实际行动为员工做好表率，那么员工肯定会照做的。因为在企业里，员工不是看领导是怎么说的，员工是看领导是怎么做的。

只要领导记得员工的生日，那么员工一定就会记得客户的生日。在客户生日时，送上我们一份祝福，既可以获得一个忠实的客户，又可以获得一个朋友。

3. 倾听客户的心声

和客户沟通时，多倾听客户的心声，了解客户的需求。只要我们重视客户了，那么客户就说更关注企业。为什么呢？因为只有在我们企业，客户才能被尊重，所以客户在我们这里能找到尊重感，那么客户一定就会关注我们。

我们既然知道了客户的购买原力，就是让客户得到企业的关注和尊重。那么企业就要朝着这个方向去努力，我们和客户的合作不求单次的博弈，我们要和客户达成终生的合作。

要想和客户达成终生合作，就需要满足客户的被重视和被尊重的需求，让客户感觉到企业的真诚，得到企业的赞美，只有我们的企业最懂客户的心！

☞ 客户的真正需求是什么？

商业的本质是交换，交换的本质是等价。这条原则非常简单，但是我们在销售时往往把它忽略掉。

当我们在抱怨"生意难做"时，是否会想起来这条真理。为什么"生意难做"呢？是因为我们在给顾客推销产品时，顾客要么用语言给我们投票，要么用脚给我们投票。

什么叫用语言给我们投票："太贵了，价格太高了"。

什么叫用脚给我们投票：客户没有说话，但用实际行动告诉我们，产品太贵了——客户没有购买，无声的走了。

那么做营销的目的是干什么？营销就是为了研究"让客户感觉我们商品的价格是和价值等价的，甚至是物超所值的"。当客户认为我们的产品时物超所值时，那么销售就会非常简单。

那么怎么做会让客户感觉是物超所值的呢？那就要研究客户的真正需求是什么？

客户的真实需求一共两条。

1. 我买你这个商品，你要告诉产品的价值（或投入产出比）

例如，我们在推销兽药产品，你要告诉我买你的产品能够给我增加多经济效益或降低多少经济损失，也就是我们经常说的投入产出比。在我们推荐中药保健产品时，告诉养殖户，你投入100元可以增加600元的经济效益，你愿不愿买？

2. 客户想知道的第二个问题就是："如果我现在购买（开始下单）有没有便宜可占"

但客户不会直接给你说他想占便宜，他会非常含蓄的问你："能不能便宜一点？""最近有没有活动？""价格能不能再低一点"等等。

我们商家一旦遇到这个问题时，就会非常紧张，认为客户是在讨价还价，刺探我们的底价（客户有刺探我们底价的成分，但更多的是刺探有没有便宜可占）。因为产品差价是商家的生命线，商家最大的优势就是产品价格信息的不对称，一旦产品价格信息透明，那么商家的一切优势都不存在，甚至还会造成赔钱现象的出现。

所以商家一般都比较敏感，面对客户说"能不能便宜一点"，一般的回应"我们的产品质量很好，你看……（怎么好怎么好）"。客户又问了"价格能不能再低一点"？商家再次回应"我们的产品质量真的很好，你看……（怎么好怎么好）"。客户又问了"最近有没有活动"，商家再次回应"我们的产品质量太好，成本很高，所以没有活动"。

最后客户是在没办法，有的不说话购买了产品，有的没有购买产品走了。为什么会出现这种现象呢？因为我们的沟通和顾客不是在同一个频道上。客户的意思是有没有便宜可占，我们告诉他的是我们的产品质量很好。

我们没有听懂客户的潜在语言，所以客户也很无语，有的无奈地购买了，我们还以为我们说服了客户。有的客户感觉你太不近人情了，根本不懂怎么做生意，所以一赌气，去隔壁竞争对手那里去了。有的客户这次购买了，下次再购买时，产生不良的记忆，而不再来我们这里重复购买了。

我们在做销售时，只要能把客户真实需求的两个问题解决了，那么一切推销都不是问题。

同样的一瓶水，为什么在超市内卖到3元，客户就说太贵了。在高铁站、飞机场、旅游景点卖到5元、10元还有人买？原因只有一个，购买场景的改变，让客户自己找到了产品的价值，不需要商家进行推销说明。

在更多的时候，我们需要通过商业的营销"包装"，帮助客户认识到产品的价值。我们在商场设计导购人员，厂家的业务人员，他们对客户对产品的讲解，就是为了增加客户对产品价值的认识。

销售的过程其实就是产品价值教育的过程。当我们有一个新产品上市，那么研发人员，在第一时间要给公司的销售人员进行培训，销售人员学会之后，再到市场上给代理商讲解，代理商学会后，再给终端用户进行讲解。

整个过程需要持续的时间比较长，可能长达3~6个月，有的时间会更长。所以对任何一个厂家来讲，产品品种多不一定是优势，如果"产品价值"培训跟不上，产品品种多反而会成为企业的负担（产品品种太多，导致一线的销售人员，对产品价值非常生疏，没有时间去学习好一个产品，在非常生疏的情况下给客户介绍产品的价值）。

脑白金就是一个成功的产品价值教育案例。脑白金开发的是一款老年人的产品，产品价位在120~500元。如果让老年人自己花几百元去买这一类的保健品，我估计购买的人数会非常少。为什么呢？因为老年人给自己买保健品，他属于消费心理账户，几百元的价格已经超出了老年人的零钱账户，所以购买的人数会非常少。

脑白金反其道而行之，利用送礼的形式引导客户购买。教育顾客"您购买的不是产品，您买的是给父母的孝心"。通过广告轰炸，销售人员引导，让大众慢慢的都接受了这种"买脑白金就是买孝心的文化"，从而推动了产品的销量。而和产品的功效没有一点关系，产品的教育一直都没有提产品的功效，可以给老年人带来什么使用价值，完全卖的是孝心文化！

那么如何设计产品价值呢？原理很简单，就是把客户的消费心理账户转移到投资心理账户上来，在产品的卖点上，找到一个客户愿意投资的一个点，把这个点当做客户的购买理由去教育客户。

我们买水果的时候有没有遇到过这种情况，商贩给我们称好了之后，又给我们多拿了一个苹果或一个橘子。那么今天一天的心情就特别的好，对这个商贩也非常认可，下次还会去他家买。

2019—2020年跨年演讲中，罗振宇老师讲了他在打车的一次经历故事。的哥在离他家还有200~300米的地方，就把表停了，让顾客感觉占了便宜，然后向顾客要一个好评。占完便宜的顾客，应该100%都会给他一个好评，原因只有一个就是在对方身上占到了便宜，为了"感激"对方，只好为对方点了好评。

在经济学原理上有一条，当价格降低到一定程度，需求就会增加。我们研究的是在当前的这种情况下，商家如何提升自己的销量。我们能想到的方法就是降价，做促销，但这些都是在拿利润做赌注。不但降低了商家的利润，销量不一定能增加多少。

即使我们把利润压到最低，客户也不一定买账，如果按照我们的理解，只要降价客户一定会购买，但事实上并不是。当我们做活动时，最高的政策是买一送一，也并不是所有的客户都会购买，只有我们的老客户，或忠实客户会购买，新客户还是不购买，原因是什么呢？原因是客户要的不是便宜，客户要的是占便宜。

在兽药销售的过程中会遇到这种现象——

昨天开的销售会议，养殖户在会上定的货。第二天把货送到养殖户家时，遇到了问题：这个男养殖户在会上定的货，交的定金。去送货时，这个女的不让要，而且骂这个男的，什么难听骂什么。她是让谁听的？就是让经销商听的，只要我们感觉难听，心里不高兴就会走，我们只要不把货放下来直接走了，那么这个养殖户就达到了目的。

我们肯定不能就范，好不容易有个客户交了定金，已经成交了90%，岂能轻易放弃？那么我们如何应对呢？应对的方案很简单，就是让这个女的占点便宜。

具体怎么操作呢？我们把维生素桶或鱼肝油桶或苍蝇药桶提前打开，当着养殖户的面，让养殖户感觉我们非常用力的下去抓了一把产品，非常"用力"地抓上来两袋100克的苍蝇药，说"别说了嫂子，大哥也挺不容易的"。如果这个女的还抱怨，那么我们再抓一把，一直抓到她不再骂为止。

这个女养殖户为什么要骂这个男的呢？因为开会时她没占到便宜（没去吃饭）。为什么又不骂了呢？因为我们额外又给她送了些维生素或鱼肝油或苍蝇药，占到了便宜。所以对客户来讲，客户要的不是真正的产品便宜，而要的是是否占到了便宜。占到便宜就高兴，没有占到便宜就不高兴，和产品质量和功效没有任何关系，和人性之占便宜有关！

所以说客户的真正需求，不是产品便宜他一定就会买，而是能够占到便宜，那么他买的概率就会增加。

现金篇

兽药行业目前在经销商和养殖户交易的过程中，还处于赊销状态，其根本原因是因为兽药门店的经营模式决定的。

全国98%的兽药门店为"夫妻店"，门店运营的主要团队就是老板和老板娘。所以造成了经销商触犯了"医不叩门"的禁忌，导致经销商得不到养殖户应有的尊重。

欠账大部分情况下是没有掌握"刺猬原理"。

解决"欠款"和"被尊重"两大问题的核心是"诊销分离"。

十三、实现现款交易

☞赊销是"温水煮青蛙"

兽药经销商当下最大的问题就是赊销欠款问题。

谈起欠款问题,每个经销商朋友的见解都不同,各有各自的欠款理由。对于目前所有经销商,都有一个普遍相同的观念,那就是"不欠款的生意是很难做下去",事实真的如此吗?难道真的没有办法化解吗?

那么对于一个兽药门店,一旦开始欠款,收款将会成为门店运营的主旋律,如果收款再不及时或没有方法及时收回欠款,那么门店运营将进入了恶性循环,欠款将会越积越多,最终成为门店的"心腹大患"。

每一年的欠款是越积越多,有逐年增加的趋势。

让我们认识一下欠款会把我们手中的现金变没的危险!

你有没有这样的经历:一个要好的朋友向我们借了1万元钱,这个朋友说2个月内还给我们,结果朋友很守信用,分了3次在2个月内全额还给了我们,每次还3000～4000元。当朋友把这1万元全部还给我们之后,我们惊奇地发现,这1万元钱没了!

那么怎么会出现这种现象呢?明明是朋友把借款还给了我们,最后这1万元确实不见了。到底怎么回事呢?我们回想一下整个事件的过程:朋友借了我们1万元钱,每次还给我们3000～4000元,因为额度比较小,我们随手就放口袋里了,没有及时存到银行卡内,结果是朋友把1万元还完,我们也在最短时间内把这1万元花完了。

具体花会在哪里了呢?有的花在去物流提货付物流代收款了;有的花在日常开支上;有的花在给员工开工资上……

这只是我们借给朋友的现金,这种现象并不可怕,可怕的是如果是一个养殖欠我们1万元货款时,那么我们分2～3次要回来时,我们随手就把收回来的欠款花掉了。那么最终的结局就是:我们辛辛苦苦干了一年,结果货款都被"变"没了。

那么我们收回来的欠款用于干什么了呢?有两个用途:一个是用于提货交物流代收款,一部分用于生活开支,如开车加油、员工工资、吃饭招待等。

这就是欠款的"温水煮青蛙"的第一个危险——欠款会把现金变没。

欠款的"温水煮青蛙"的第二个危险——欠款时间越长，情况越危险。

一旦养殖户的欠款，时间超过1年以上，他会把欠款当成自己的利润。为什么呀？这是人性中的"满足现状原理"。所以银行的破解方法是，信用卡每个月都要还一次，就是要提醒你："这不是你的钱，是银行借给你的，是需要付利息的"。

欠款就像锅底下的木柴，越添越多，日积月累；我们就像锅里面的那只青蛙，当有一点欠款时，水的温度就会增加一点，这时我们虽然感觉有点不舒服，但还可以忍受。

随着时间的推移，欠款越积越多，火越烧越大，水越来越热，我们也越来越有危机感，等我们发现不对劲时，为时已晚。这个时间我们想改变，想不欠款，想做现款，养殖户不同意了。

你对着一个已经欠了5万元的一个养猪户说"王老板，我们最近资金比较紧张，现在必须做现款了"。王老板说"怎么着？看不起兄弟呀？怕兄弟还不起你的钱呀？还是不想跟我合作了？"

一句反问，让我们立马傻眼……

☞ 欠款会把忠实客户"逼"给竞争对手

你说这怎么可能？既然是忠实客户，那么会变成竞争对手的客户呢？

我亲身遇到过这样一个案例：我一次和河南的一位经销商朋友一起下市场，这位经销商朋友姓谢，在回来的路上，经过一家兽药门店，谢老师突然给我说，"你看那不是王××吗？"

我说"怎么了"？

他说"这个客户是我们门店的忠实客户，跟咱们合作有七八年，有几次他的猪死亡率比较高，找了很多人都没解决，最后还是咱们门店帮他解决了，他怎么会去这个门店买药呢？"

我问"他是不是在我们门店内有欠账？"

谢老师说"有3万多元吧，我也没着急催他要（欠款）"。

我说"这就对了，养殖户欠我们钱，我们可能没有着急问他要，但他跟我们太熟了，又不好意思不给，现在手头确实比较紧张，没有多余钱来还欠款。现在他的猪场，需要用药，又不好意思见你。那么他的最佳选择就是，去其他门店用现金来买药了。一旦需要欠款，他还会再来我们这里欠款。"

我知道这位经销商朋友很郁闷，但事实就是如此。作为经销商朋友的角度：我把你当朋友，你资金比较紧张，那作为朋友的我就帮你一把，什么时候有钱再还给我。

但如果站在养殖户的角度来讲：正因为是朋友，我才从你门店里赊点账，如果关系不好，我还不赊账呢。现在我需要产品，如果我从你的门店去拿，那么面临着需要把原来的欠款还上，现在没有那么多现金，也不想驳老朋友的面子，所以先从其他门店拿点药先用着吧。

站在经销商的角度上来讲，我们给养殖户欠款，是出于一种好心和信任，认为养殖户也不容易，再加上关系非常不错，能帮一把是一把。结果是：自己的好心，因为欠款太多，反而把自己套了进去。

这是因为在我们和别人合作的过程中，一直都处于"店大欺客和客大欺店"的两种博弈之中，环境的改变，会导致两者的处境（店大欺客和客大欺店）改变，处境的改变会引起心态的变化，心态的变化，最终导致个人选择的变化。

那么对于兽药门店和养殖户之间，也是处于这两种变化之中。在合作前期，养殖户需要我们帮他解决问题，但又没有太多资金支付药费，所以经销商朋友就毫不犹豫的垫付了。

随着时间发展，等经销商开始收款时，情况又逆转过来，经销商的处于劣势，非常被动，需要垫资不说，还要面临着丢失老客户的问题，想想都让人难受。

这就是欠款把我们的忠实客户逼到竞争对手那里的"套路"。

☞兽药门店运营的"隐形杀手"

前面章节我们讲了，欠款对门店有"温水煮青蛙"的慢性危害，刚开始我们只是感觉欠款不舒服，等我们发现不对劲时，为时已晚，我们想改变已经是无力回天了，这就是欠款的温水煮青蛙效应。

今天我们讲门店欠款的另外三大危害。

1. 欠款影响门店发展的信心

回想一下我们在门店的运营过程中，考虑门店发展方向多一点，还是考虑如何收回欠款多一点？

对于一个门店负责人来讲，考虑门店的发展方向，和运营思路是第一重要的事情，但我们没有时间去思考，也没有时间去学习，更没有时间去向高手请教，因为我们的所有时间，都花在思考如何收回欠款上。

我们回想一下，收欠款时谁紧张？有经销商朋友回答说："当然时客户紧张呀，因为欠人家钱，现在没有那么多现金，怕人家上门要账"。

事实恰恰相反，收欠款，最紧张的人不是养殖户，而是我们经销商自己。你说："这怎么可能呢？"

我们回想一下，每次收欠款前，我们是不是夫妻两个人要商量一下，怎么开这个口、怎么说这个话？既可以提出收欠款，而且还不引起养殖户反感。

这种收欠款的火候把握程度，简直就是一门艺术，没有一定时间，绝对练不好。

所以每次我们在家里，是不是都需要演练几遍？老板娘你们两个是不是需要研究一下话术？演练了好几遍，结果到养殖户家时还是紧张。

我们一直担心，当我们提到收欠款时，养殖户会拒绝，事实上养殖户也是这样做的。结果是你花了大量精力准备的话术，到养殖户那里一个没用上，转了一圈，还是一分欠款没收上来。最后你总结了："养殖行情比较差，养殖户都没有钱，收欠款太难了"！

结果在门店运营的过程中，你80%的精力用在收欠款，20%的精力在维护老客户，那么客户流失就是一个必然的结果，新客户开发反而成为一种负担：因为你担心，开发的客户越多，门店的欠款就越多，与其那样还不如维持原样。门店的生意就如逆水行舟，不进反退。

这就是收欠款占用了我们大量的精力，一旦我们把大量精力花在收款上，我们就会降低收款的标准：只要把本钱收回来就行，利润宁可不要都可以，要不然连本带利都没有了。

每天我们朝思暮想的一件事，就是把欠款收回来。对于门店的发展方向，从来都没有考虑过。无形之中欠款就成为阻碍门店发展的第一"隐形杀手"。

2. 欠款会把门店总体利润变没

我们兽药门店的总体平均毛利率在40%～50%，销售费用（车的费用、人员工资、店面租金、员工生活费用等）大概占15%，客户返还10%～20%，那么我们门店的纯利润为15%～20%。

在门店的经营过程中，其中有20%的欠款为呆死账。讲到这里有经销商朋友就说了："秦老师，是不是又危言耸听了？哪有那么高？"

欠款到底有没有那么高，我们收一下就知道了。其实我们每个门店的欠款情况，我们作为门店的负责人，心里面是一清二楚的，哪些欠款能收回来，哪些是收不回来的，我们还是有一定的判断能力的。

那么如果有20%的欠款收不回来，就相当于100万元的外欠账，有20万元就打了水漂，那么我们销售100万元，能挣多少钱？这20%的呆死账相当于我们门店的纯利润。

我们刚才也计算过了，我们的纯利润也就是15%～20%，如果再加上这些呆死账，门店总体利润全部会耗尽。

这也是目前很多门店，经营不下去的最核心原因，客户少是一方面，最核心的是门店运营一年下来，没有利润，不赚钱，甚至还会出现赔钱。那么退出是这些门店的最优选择。

3. 欠款影响家庭和睦

目前，大部分兽药门店为夫妻店居多，一旦门店欠款太多，那么大部分门店会因为让夫妻两人，谁去收欠款而发生矛盾。

大部分门店都是老板是兽医，负责看病和销售，老板娘负责看店、记账做会计。账大部分是老板欠出去的，那么收款的压力大部分都落在老板娘身上。

遇到性格比较泼辣的老板娘，那么收款根本就不是问题，老板娘一出马，快刀斩乱麻，很快就能收回一部分欠款。

如果遇到性格温顺的老板娘，那么对门店来说就是灾难，对家庭来说就是导火索。

夫妻两人会因为欠款的增多，相互埋怨，互相指责，都想让对方去收款，结果是一拖再拖，欠款是越积越多，最后导致门店资金紧张而门店退出市场。也为家庭的纠纷画上了重重的一笔。

☞ 养殖户资金短缺的原因

对于兽药经销商来讲，影响整个门店发展的核心因素就是欠款，欠款已经成为门店运营的一颗"毒瘤"。全国有98%以上的门店都有欠款，而所有欠款里面有20%的欠款是呆死账。

讲到这里时，可能有一部分经销商朋友认为"秦老师是不是有点危言耸听了吧？哪会有那么高的死账率，如果有那么多的死账率，我们门店不就白干了吗？兽药总共才多少利润率？"

有没有那么高，我们不用去打赌，你去市场上收一下就知道了，其实欠款能收回多少，我们当事人心里是最清楚的，在这里我们就不过多的讨论了。

那么到底是什么原因造成门店欠款？又是什么原因导致这么高的死账率？

造成我们欠款的核心因素是因为我们经销商朋友自己内心不坚定。因为养殖户每次到告诉我们一个事实："×老师，最近手头比较紧，晚几天给你""最近行情不好，一头猪还赔100多呢，手里根本就没钱""这一批猪赔钱了，等下一批赚钱了一起给你吧"。

更有甚者，关系比较好的客户，拿完产品后，养殖户不提结账的事，我们也不提，最后大家默认的就是赊销！

那么养殖户到底有没有钱呢？是真没钱还是有钱不想给？

养殖户告诉我们"最近资金短缺"是不是事实？

养殖户资金短缺，百分百的是事实，只要我们相信，那么我们的账本上又会多了一笔欠款。

那到底是什么原因引起养殖户资金短缺呢？是行情不好的因素造成的吗？是养殖经验不足造成的吗？是养殖缺乏技术造成的吗？

要分析这个问题之前，我们先了解一个现象：在养殖行情好的时候，养殖户赚了钱（例如一个养猪场养50头母猪，今年行情好，挣了50万元现金），那么养殖户会怎么处理这一笔现金？是存到银行里？还是还我们欠款？还是做别的用途？

95%以上赚钱的养殖户会选择扩大规模，原来养50头母猪，现在有了这一笔钱，可以扩大到100头母猪。也有养殖户选择去县城或市里面买套房子。不管养殖户怎么花这笔钱，我们发现一个现象，养殖户赚钱的时候比行情差的时候手头更紧。

通过这个现象，我们可以得出一个结论：无论养殖户赚钱与否，养殖户手里面永远都是资金短缺的。

根据这种现象，我们可以判断：决定养殖户资金短缺的一个核心因素，就是养殖户这个"职业"决定的。养殖户这个职业已经决定了养殖户从开始养殖，就从来都没有出现过资金充足过。

这就是养殖户资金短缺的"套路"。

我们既然明白了养殖户资金短缺的原因，那么我们如何去解决现金交易这个问题呢？

具体方案为以下三个措施。

1. 现金交易的决心

我们是否有收现款的决心？很多时候不是养殖户一定要欠我们的货款，而是我们自己不好意思去要。一般我们去养殖场解决问题，方案也出了，药品也给养殖户从车上拿下来了，但我们根本就不好意思去提货款的事情。结果是养殖户也装迷糊，我们是半推半就的赊下了欠款。

在我们运营中还有另外一种现象，养殖户也很守时，到约定的日子给我们打电话说让我们过去收货款，我们反倒有点不好意思去。非常大气的说"王大哥，晚几天吧，你的人品我非常认可，什么时候方便了，我过去拿"。结果呢，等我们方便去收货款的时候，养殖户把钱用了，一笔可以到手的货款，反而成了欠款。

讲到这里有经销商朋友就反驳说"这种现象才有几个客户呢？"如果都是这样的客户，我们根本就不会有欠款一说。但就是我们这个举动给养殖户暗示了："这个门店不缺钱，他不着急用，所以还可以多用几天"。那么养殖户就心安理得的欠着我们了。

2. 营销力度够不够

对于养殖户来讲，资金短缺是永远的痛。但有钱人有有钱人的花钱方法，资金短缺的人有资金短缺人的过法，那么资金短缺的人怎么花钱呢？

今天饲料没有了，那么在有限的资金里挪出一点花在饲料上。明天疫苗厂家搞活动，一看活动力度不小，那就再定一点疫苗吧。后天兽药厂家搞活动，活动力度同样不小，那就再定一点兽药吧。

就这样三下五除二就把有限的资金花出了大半，轮到我们登门收欠款时，养殖户告诉我们"明天人家豆粕厂送豆粕，已经两批没有给人家结账了，我手里虽然有3万元，但是不敢动，再缓几天吧"。

3. 掌握欠款信用额度

在养殖户的欠款里面，如果是1万元以内，就几千元钱，我们随时向养殖户要，他随时都可以给。钱少时没必要欠着你，因为每个人都想当一个讲信誉的公民，得到更多人的认可。所以钱少时，为了不还钱，而做个不讲信用的人，成本太高。

一旦超过2万元，那么欠账不还的诱惑，比不讲信用的筹码更大，在客户潜意识里面有"这么多钱，值得翻一次脸，大不了以后不去他那里买药，他还能怎么着我？"在这种心理的驱动下，欠款不还，或晚一些时间再还，就养殖户的最优选择。

所以对我们来讲，我们一定要把握好欠款的额度，每个养殖户都有自己的欠款额度，一旦超过额度，那么收款是我们的第一要务，而卖药则是排名第二。

☞实现现款交易的商业"套路"

欠款交易已成为，很多兽药门店经营，不成文的规矩。现款交易已成为大部分兽药经销商，梦寐以求的经营模式。那么欠款交易和现款交易，两种经营模式的差距，到底有多大呢？实现现款交易真的只是奢望吗？

要想解决欠款问题，就要从欠款形成的场景来分析，只要找到欠款的根源，我们就能从根本上解决欠款问题。

大部分情况下是养殖场有疾病问题给我们打电话，我们开车去养殖场解决问题。问题找到后，给养殖户开用药方案，然后从汽车后备厢里给养殖户拿产品。

拿完产品之后，养殖户就说"×老师，最近资金比较紧张，晚几天再给"。我们一般情况下就默认了，这单货款就欠下来了。

更有甚者，我们和养殖户的关系太熟之后，养殖户连欠账这句话都省掉了，养殖户不提，我们不说，那么我们门店80%以上的欠款都是通过这个场景欠下来的。

这种场景下，养殖户等于是把收现金还是维护感情这个皮球踢给了经销商，那么大部分情况下，经销商选择"不伤感情"，那就赊账。

而那些做现款的经销商是怎么处理呢？

同样的场景，给养殖户方案写好后，给养殖户说"× 老板，你这猪场就是这情况，这是解决方案，您看这个问题现在解决不解决？解决的话，我让司机小赵给你送给来，你按这个方案用药，三天应该有明显的好转。如果你不解决，那你再观察一两天"。

大部分养殖户会选择使用我们开的解决方案，养殖户打电话让我们过去的主要目的就是帮他解决问题的，所以一般都会选择使用。养殖户会说"可以，你让司机送过来吧"。

那么司机小赵把药品送到之后，还是同样的场景，× 老板说"小赵，最近资金比较紧张，晚几天再给你吧"。司机小赵就说"× 老板，欠款我当不了家，出门的时候老板娘交代，没钱有货，没货有钱，两者必见一样。我们也是打工的，一个月也就是 2000～3000 元钱，您这是大老板的，总共也就 1000 多块，您帮帮忙，周转一下，没多少钱，谢谢了"。

这一套话术是提前培训好的，这套话术只卡君子，不卡"小人"，通过这个方法一般可以过滤掉 60% 以上的欠款，大部分养殖户家里面都会备有现金，他为什么不给我们呢？是因为这些钱还需要进饲料、买疫苗，所以他选择谁催的急先给谁。

司机这一套话术，等于把欠款这个皮球踢给了养殖户。那么养殖户会在是给现金（要面子），还是给经销商打电话之间进行选择。中国农民还是比较朴实的，向别人借钱，一般都不好意思张口。所以当他处于两难时，60% 的养殖户，会选择优先给我们现金。

这是应付一般养殖户，实现现款交易是没有任何问题。还有一部分养殖户说"你当不了家，那我给 × 老师打电话吧"。

司机小赵说："你给 × 老师打电话吧"。

× 老板给 × 老师打过来电话说："× 老师，小赵把货送过来了，最近资金比较紧张，你看能不能缓几天？"

× 老师说："可以呀，× 老板，没问题，谁手头还没有不宽裕的时候？你看给你缓 1 周够不够？一周不够，那缓两周吧。行，你把电话给司机小赵，我给他说一下"。

"小赵，我给你说一下，× 老板资金比较紧张，你给缓 15 天"。

司机小赵挂完电话说："× 老师说了，给你缓 15 天，你看今天是 1 号，我这个月 16 号过来收款，没问题吧？"

× 老板是半推半就的情况下就同意了。

然后司机小赵说："× 老板，您对一下货款，这是氟苯尼考 5 公斤，强力霉素 5 公斤，泰妙菌素 2 公斤，一共是 2200 元钱，没问题吧？"

"我给您备注一下，本月 16 号收欠款，您给我签个字，我好回去交账"。

那么到 15 号时，司机小赵给 × 老板打电话："× 老板，你好，上次给你送的货一共时 2200 元钱，您说 16 号让我过去拿，明天就是 16 号，我明天过去没问题吧？"

这样的客户占 20%，通过司机二次收款，可以解决这 20% 客户的欠款问题。再加上 60% 以上的是现款交易，那么我们门店 80% 的交易都是现款交易。

另外还有 10% ~ 20% 的客户呢？针对这一部分客户，不论通过什么方法，以不计利润的情况下，也要把欠款收回来。

一旦收回来之后，怎么办呢？有经销商朋友说："以后不再给这样的客户合作"。我当时就问了："你能下的去狠心吗？"

其实针对这个问题，银行给我们一个很好的方法，就这些客户就进入了我们门店的"黑名单"，以后这些客户每次拿货必须现款，不现款宁可不做。

那么这些门店就是通过团队协助的手段，达到做现款的目的。

☞"诊销分离"实现现款交易

在门店运营的过程中，你有没有遇到过这样的困惑："无论我们怎么跟养殖户交心，怎么掏心掏肺的为养殖户服务，养殖户就是认为我们是赚养殖户的钱的"。

这是一种感觉，通过养殖户的言语中，面部表情以及和我们沟通的态度中，或多或少的表现了出来。

也有经销商朋友说："我们这里没有这种现象呀，我和养殖户相处的还是非常不错的，养殖户也对我非常信任"。

那么你有没有遇到过这种情况：当我们去敲养殖户的门时，开门的是养殖户家的 7、8 岁的孩子，这个小孩一看是你，马上扭头就跑，边跑边喊"爸爸，爸爸，那个卖兽药的来了"。

那么我就纳闷了"一个 8 岁的孩子怎么会知道我们是卖兽药的？"这个问题后来我一琢磨，就想明白了，只有一种结果就是"养殖户夫妻两个人在一起讨论我们时，背后就是说我们是卖兽药的"，所以孩子认识我们身上的"标签"，知道我们就是父母嘴里的那个卖兽药的。

孩子童真无邪，没有善恶之分，唯有父母教之才为之。所以在养殖户心中，我们永远都是那个挣他钱的"卖兽药的"。

在养殖户心目中，我们就是一个只会给他推销产品的"卖兽药的"人，那么欠我们的款是很正常的。

我们再看下面一个案例。

我们去医院看病时，一般的流程是：医生给我们开好处方，我们去财务处交费，之后再去药房拿药。整个过程，我们都是比较尊重医生的，他说什么，我们都会言听计从，从来没有听说过哪个人和医生讨价还价的说"这个药能不能便宜一点"，这是我们熟悉的场景。

那么我们换一个场景，如果医生给我们开好处方，转身从柜子里拿出了药品，打包好之后，告诉你一共200元钱，那么你会有什么反应呢？

如果是我本人，那么我的第一反应就是："能不能便宜点？"

关系再熟一点，那就是，下次一起给你结账吧。

这就是整个现场场景，医院都是现款交易，那是医生和"卖药的"不是同一个身份。而养殖户欠我们的钱，那是因为我们的身份是"卖药的"，而不是高高在上的医生！

中间非常重要的一个环节就是"诊销分离"。

什么意思呢？诊断和销售一定要分开。怎么分开呢？就是我们这个手，如果这个手只开处方，那么我们就是技术老师，我们就是兽医。只要我们能坚持半年以上，我们兽医的身份就可以找回来了。

只要我们这只手不去碰兽药，药品不是通过我们的"手"给养殖户的，那么养殖户慢慢的就开始尊重我们了。

☞ 会议收回欠款

前面我们花费了大量的篇幅在讲解欠款的危害，目的只有一个就是引起我们的足够重视。通过这几天的沟通，有经销商朋友就私聊我说："秦老师，养殖户欠款的问题我们已经意识到严重性了，问题是我们该如何收回欠款？"

那么针对这个问题，我们今天就重点的谈一谈，如何收回已经欠出去的货款。

想收回欠款，第一个工作就是，要把我们的欠款账目列出来，要把账目进行分类。

分类标准如下。

（1）哪些欠款良性循环的，我们是有把握收回来的，列出来，大概占有多大比例。

（2）哪些欠款不好收，也列出来，备注原因。

（3）哪些欠款在2年以上。

（4）还有一类是有争议的货款，什么意思呢？就是我们给养殖户在看病过程中，出现过异议，养殖户不满意，货款一直没有给的。

我们先把没有异议的、良性循环的欠款列出来，针对这些客户的需求设计活动内容。

提前向"意见领袖"，了解一部分养殖户的需求，同时与"意见领袖"协商：本次活动怎么设计，养殖户参与的概率比较高。向"意见领袖"了解，养殖户对什么礼品（家用电器、电动车等）感兴趣，然后根据情况定活动内容。

活动设计方案定好后，在谈判前要先把活动细则单页做出来，有活动单页等于有标准，防止养殖户会漫天要价。有了活动单页，养殖户只能在现有标准的基础上，增加好处，而不是随客户的要求超出我们承受的范围。

活动单页设计出来之后，我们列出能参加，3万元预付款的客户名单，然后根据难易程度，一个一个的谈。

在谈判的过程中，掌握三个原则：

第一，养殖户提出的要求，只要不是太过分，都可以答应；

第二，在养殖户原有要求的基础上，再多给一点其他好处（蓝大褂、工作服等）；

第三，我们要把现金带走，必须先收到钱。

在收钱期间，不用按地区一个一个谈。要按能参加活动，客户的概率去谈。第一个养殖户谈完谈第二个，第二个谈完谈第三个，先把有能力参加3万元活动的客户全部谈完。

在谈判的过程中，养殖户都会说："活动就挺好，就是没钱"。

养殖户说没有钱，只有一种情况：我们的促销力度他没有达到他的心里预期值，如果达到之后，那么钱就不是问题。

回想一下，我们合作的这些厂家，每次搞活动时，当厂家业务员给我们说时，我们是什么反应呢？我们一般也是这个态度："最近资金比较紧张"。凡是这样回复的，核心原因是：活动内容没有达到客户的预期。

如果有另外一个厂家给你说，他们厂家也有活动时，而且活动方案完全超出你的预期。那么你也没有钱，但是你能筹到钱。

这是促销时，客户的正常心态。凡是被拒绝的促销活动，都存在着一定的问题——你活动力度不够。所以出现这种情况时，我们的谈判方向是：养殖户想要礼品，我们需要销量。所以针对个别养殖户，可以在活动之外，设定特殊活动方案。目的就是让养殖户一定参与我们的订货。

讲到这里时，有经销商朋友就说："如果按你说的这种做法，养殖户满意了，我们门店的利润也就没有了"。

那么在这个过程中，养殖户的需求是礼品（我们必须要确定养殖户想要什么，只有这样我们才有与养殖户达成成交的可能），而我们的需求是销量。客户要的不是真正的便宜，而是要占到便宜！

只要能试探到养殖户的心理预期，那么我们就有成交的基础。

当我们试探出客户的需求时，我们再抛出第二个诱惑：你前期的欠款，可以抵扣这次的活动款。

在中国几千年的传统中，"欠账还钱"是永远不变的规矩，已经深入人心。任何人欠别人钱，在内心深处永远是一种不舒服的状态，只是有些人表现的明显，而有些人表现的比较隐蔽而已，其本质都是一样的。

所以当我们把这个诱惑点抛出时，一般人都会为之心动，同时也了却一桩欠款心事，何乐而不为呢？

在整个过程中还需要注意一个细节，有利于提高谈判成功的概率：在给养殖户谈活动方案时，给养殖户带一个小礼品，可以是一个矿灯，也可以是一个工作服等等，任何一个礼品都可以，但额度一定不要太大。太大容易引起养殖户警觉，反而影响谈判效果。

3万元的养殖户谈完，找2万元的养殖户谈；2万元的养殖户谈完，找能参加1万元的养殖户谈。一个"夫妻店"正常情况下200个客户里面会有30～40个客户会参与活动，算下来应该在50万～80万元。如果能提前收到钱，则此次会议将大局已定。

会议当天，其他散户再参加金额小的活动，依靠客户订单数量，也能收10万元左右，加上其他的活动，本次会议的金额就是100万元左右。

促销的本质就是找好一个借口，找到好借口，增加销售时的胆气，提高成交的概率。

一旦养殖户提前交款，那么在开会当天，这些已经交过钱的养殖户，会鼓动其他养殖户参与活动（因为每个人都有自私的一面，自己参与了活动等于自己认同这种观点，在自己认同这种观点的同时也希望更多的人认同，所有人都认同了，这就形成了从众心理）。

在整个促销过程中，只要是没有异议的欠款，50%以上的客户是会参加我们的活动，那么通过这个方案，我们将会收回40%以上的欠款。利用这种方法，通过3次以上的活动，可以收回70%左右的欠款。

☞ 刺猬原理

什么是"刺猬原理"呢？在一个大雪纷飞的夜晚，有一个山洞里，有两只刺猬。由于天太冷，两只刺猬不得不凑在一起抱团取暖。当两只刺猬凑在一起太近时，容易被对方身上的硬刺刺伤，所以两只刺猬就彼此分开一点。

但由于天太冷了，两只刺猬不得不再次靠在一起，太近时再次被对方刺伤，通过反复几次的尝试和调整，最后两只刺猬终于找到了一个既可以抱团取暖，又可以不被对方刺伤的"安全距离",这就是著名的"刺猬原理"。

我们门店刚开业时,由于认识的客户比较少,所以我们做事非常谨慎,很少欠给客户货款,所以门店经营的还算不错。但随着我们门店经营的时间一长,我们和客户之间越来越熟悉,关系越处越和谐,彼此之间产生了一定的信任,这时我们就不再像当初开业时那样谨慎,慢慢的开始有欠款,越积越多,最后就形成了目前这种局面。

而"刺猬原理"就是告诉当我们,当我们和客户的距离保持太近时,我们就会被客户身上的"欠款之刺"刺伤。轻者刺伤,重者直接刺死。

他的错误不在于客户,而在于我们自己,是因为我们在被对方刺到时,没有及时的调整我们和客户之间的距离,导致事情越来越严重,最后发展到不可挽回的局面。

那么要彻底解决这些问题时,我们该如何处理呢?给大家几条建议:

1. 把握好欠款额度

在门店运营的过程中,如果一下子全部调成现款,也不太现实,即是养殖能接受,我们自己也过不去心里那道坎。既然要有欠款,那么我们掌握好欠款额度即可。

这在我们生活中,银行的管理系统已经给了我们明确的方向:每个人根据自己的信用情况,都有一定的信用额度,那么超过这个额度,银行是不会多透支给你一分钱。

那么养殖户的信用额度我们如何去把握呢?1万元以内,随时要欠款,随时可以还给我们,即使当时没有给,后面我们做活动,他也会参与。这时因为养殖户认为1万元以内,翻脸的成本太高,每个人都想落一个信誉度好的名声,所以归还欠款是他们的最优选择。

一旦欠款超过2万元,那么养殖户就会犹豫还还是不还,如果需要钱的地方比较多,那么拖一拖就是养殖户的最优选择。

如果欠款超过5万元,那么能拖一天是一天,甚至是翻脸都是养殖户的最优选择,大不了不去你那里拿药,事实上养殖户也是这样做的。

一旦超过一定的额度,不论你是做活动还是搞促销,一律三个字"不参与",搞得我们是一点脾气也没有。如果我们追的太紧,养殖户不介意和我们翻脸。

所以对我们来讲,掌握欠款额度是控制欠款的核心。

2. 货款是底线

什么意思呢?就是说除了货款其他的都可以谈,养殖户想多要一点政策,没问题;想多要一点礼品,没问题;想多送一点产品,没问题。但货款是底线,必须是现款。

我们回想一下十年前,2008年左右,当时的兽药厂家是不是也是没有节操的乱欠款,结果呢?短短的2~3年时间,凡是欠款比较多的厂家纷纷倒闭,反而是那些坚持走现款交易的厂家,慢慢的在市场上站稳了脚跟,最后一步一步的发展壮大起来。

现在和我们合作的兽药厂家还有哪一家给我们欠款？都没有了，那是因为前期欠款的厂家都消失了。

在我们身边有很多门店做的都是现款交易，生意做的还是非常不错的，并且隐隐的有发展壮大的趋势。那是因为这些门店没有欠款之忧，把大部分时间花在门店发展和运营上了，所以发展速度比较快。

总而言之一句话，货款是门店的底线，养殖户想多得一点好处，这些都可以谈，前提是必须是现款（当然如果养殖户要求的比较过分，我们也是不会做的）。

3. 我们收欠款的决心是否坚定

很多时候不是养殖户一定要欠我们的货款，那是因为我们根本就没有收款的意识。大部分情况下，我们都是给养殖户解决完问题，直接给养殖户开处方、拿药，拿完药，我们也不提收款的事情，而养殖户也是装迷糊，也不提货款的事，结果是两边都不提，最终的结局就是记上账，形成一笔新欠款。

我们不提是因为我们担心提现款交易伤感情，万一得罪了养殖户怎么办？怕养殖户下次不来了；再者就是想，关系太熟了，提货款，面子上挂不住，感觉自己太小气，怕对方不给钱似的；再者就是我们这边以及形成了不成文的规定，没有现款的习惯，都是过两天去收款，如果一定要收现款，很容易得罪人。

养殖户不提货款是因为能赊出来账，是因为咱"有面子"，证明咱的信誉还是可以的，咱混的还不错；第二个原因，经销商赚我们的钱，欠他一点款还不正常呀？第三个原因，经销商都有钱，他又不着急用钱，欠他一点没关系，即使我不欠，其他养殖户也会欠，与之那样还不如我欠呢。

所以在这两种思想情况下，欠款就成为我们双方约定俗成的一个不成文的规矩，有规矩我们就要遵守，谁不守规矩，谁就没生意可做。在这种心理下，我们一步一步的陷入了深渊。

商业的本质是什么？商业的本质是等价交换。等价交换是基础，是保证双方平等关系的前提，而我们这种欠款交易，他本身就不是商业，他是一种慈善，一方比较富裕支持另外一方的形式。我们要想把门店经营好，必须遵循商业的本质，那么就是等价交换，一手交钱一手交货，只有遵循这一原则，我们的生意才能持续下去。不遵循商业规律的，将会被市场淘汰，这是自然规律！

☞ 通过换购实现现金交易

对于我们来讲，我们每次不是不想收款，而是缺乏了一个借口。其实销售就是找借口，找到了好借口，那么我们收款就变得特别简单了。

回想一下，平时养殖户没有打电话，我们是不好意思经常去养殖户那里的。当我们准备开会时，需要通知养殖户参加我们会议，那么我们就理直气壮的去养殖户家。

"通知开会"就是一个非常大的借口。有了这个借口我们就可以理直气壮的去收款了。

具体操作：

我们提前把设计好三个档次：满500元加1元送×××礼品；满1000元加1元送×××礼品；满3000元加1元送×××礼品；

当我们给养殖户拿产品时，这次拿来350元的产品，我们就可以给养殖户说："王老板，我们最近有活动，满500元送50元的一个锅，您现在已经用了350元了，再加150元就可以送个礼品了，不参加这个活动挺亏的"。

当养殖户拿700元左右的产品时，我们给他推荐1000元的活动；当养殖户拿1000元以上的产品时，我们可以给养殖户推荐3000元的活动。养殖户大部分情况下会参加我们的活动的。

有经销商朋友就是说："这样的活动，养殖户也不一定会参加吧，我们平时的活动也比这个高呀"。

这时因为有一个商业原理，就是"沉没成本"的影响，养殖户一定会参加我们设计好的活动。

什么叫"沉没成本"呢？他是指你已经投入了，没有办法收回来，在这种情况下，大部分人会选择继续投入，但结果也不太理想的这种不理性行为。

举个例子，当你买了一张电影票，电影开始十几分钟后，你发现你这个电影不是你喜欢的类型，那么你接下来会怎么选择？90%以上的人会选择：既然票都买过了，那么就是再难受，也要坚持看完。结果呢？大部分人边玩手机，边消磨时间，最终坚持到把这部电影看完。

那么按照理性的做法是：既然不是自己想要看的电影，那么就不会给自己带来快乐。我们看电影的目的就是为了快乐，这个目的既然达不到，那么对于我们理性的选择就是果断离开。

因为有前期的投入，所以很多人接受不了，放弃前期的投入，所以不得不坚持下去。这种行为就称为"沉没成本"。

对养殖户来讲，按照我们的治疗方案，即使他不参加我们的活动，那么本次也需要购买这么多产品，而且什么好处也没有。现在只用增加一点，就可以参加活动了。

这就是为什么，我们平时的活动力度，虽比较这个活动力度还要大，但养殖户还是会选择参加的主要原因；

另外我们平时设计的促销活动，大部分情况下都是有条件的，活动力度越大，货款额度越高。虽然这次活动力度不大，但条件不是很高，只用增加"一点点"就可以拿到。

其实在我们日常生活中，有很多活动就在我们身边，多注意观察其他行业的活动，对我们的销售，也会有非常大的帮助。

我有一次去郑州国基路一家火锅店吃饭，吃完饭结账时，收银员告诉我："先生，您今天消费了360元。另外今天有活动：充值500元，送200元。先生，今天您已经消费了360元，如果充500元，返您200元，扣除完，您卡里还剩余340元，您看今天要不要参加我们的活动？"。

我当时就在想，我已经消费了360元，如果我不充值，那么也需要花费这么多，如果我参加他们的活动，充值500元，送200元，等于结完账后，卡里还有340元，现在只用多花140元，既可以多得200元，一算挺合适的，就毫不犹豫的就充了500元。

那么对于我们经销商来讲，如果养殖户参加了我们的活动，那你会不会，让养殖户欠款参加活动？100%的经销商会选择：既然参加活动，那一定是现款。

为什么会有100%的经销商，会选择收现款呢？其实现金交易底气不足的核心原因，就是"我们赚了养殖户的钱"。如果我们进价40元/千克的阿莫西林，卖给养殖户也是40元/千克，那么你做现款的底气还会不足吗？

所以小小一个换购活动，就可以实现：卖货少（卖了350元的产品），收钱多（收了500元现金）。那么长期下来，养殖户每次给我们的都是预付款。

那么换购活动，什么时间使用效果最好呢？

（1）在圆桌会议结束后，第二天回访过程中可以使用。

（2）在给养殖户解决疾病问题，把处方开好时和养殖户协商。